漢藏

聖嚴法師、丹增喇嘛 答問

佛學同異答問

自序

一九九一年十月中下旬間，達賴喇嘛到紐約，主持為時兩週的時輪金剛灌頂大法會，吸引了二千多人參加勝會，其中也有不少是說漢語的華人。為之擔任翻譯的，便是達賴喇嘛的比丘弟子丹增諦深。

諦深喇嘛現年二十七歲，修學佛法則已十多年了，出生於青海的藏族，幼受漢語教育，及長專攻漢藏佛學，離開中國之後，即在印度的西藏南方寺院求學，由於他聰穎過人，根器深厚，故由達賴喇嘛親自剃度。

一九八九年我去印度朝聖，訪問鹿野苑時，諦深跟我見過一面，故他一到紐約，便來東初禪寺拜訪，並執晚輩禮，隨眾聽講《維摩經》、《金剛經》、《楞嚴經》，而且要我特別為他一人講《六祖壇經》，態度誠懇謙虛，非一般青年比丘能及。諦深年紀雖輕，對於藏傳佛學所瞭解的程度，以及閱讀過的漢傳佛典，已具相當火候，他到東初禪寺的目的，就是找我討論漢藏兩傳法義的同異。在前前後後、來來去去的兩個多月之間，我雖非常忙碌，還是願意每天抽出一個小時來跟他對談，藉機我也學到一些東西。

最初的幾次談話，並未作成記錄，後來發現彼此所談內容，並不空泛，我也因爲想到，臺灣的《人生》月刊及《法鼓雜誌》，經常要我供稿，故將後來的七次囑果元比丘錄音下來，正巧林孟穎居士，也在東初禪寺暫住作客，便煩她整理成稿。孟穎整理出來，再交我修正，發覺諦深語態謙恭而語意精密，每每扣緊一個問題發問，前後次第井然有序，這便表現出藏傳佛教僧侶教育的特色，他們重視思辨邏輯，而且對於重要的論書，多能熟背詳記。在問答時，我雖未覺得自己有何差錯，當我看了錄音稿時，就必須徵引經論予以補充了。也可以說，由於諦深的來訪，留下了這冊小書，也提醒了我：思辨方法及熟背論典是很重要的。

同時，我也請諦深喇嘛，將他們十二年教育的課程，口述給我參考，這樣的資料，對我們而言，尚是初次接觸到。

近年來，藏密受到風潮式的崇拜和推廣，但也多係受其神祕色彩的外表所動，對於次第修學達十二年之久的顯教思想及其內容，則很少有人探討。所以我們的中華佛學研究所，正在朝著這個方向努力。我未研究西藏佛教，而能將漢傳的佛教向藏傳的青年比丘作了若干關鍵性的介紹，也是我這回在國外三個月期間的一點收穫。因此將之編集印行，用資紀念，並供參考。

一九九二年元月五日釋聖嚴序於紐約東初禪寺

目錄

一、無常觀與不淨觀

修習無常觀的要領和次第

丹增諦深喇嘛（以下簡稱丹）：修無常觀者，對日常生活中的色、聲、香、味、觸、法的態度應如何？

聖嚴法師（以下簡稱師）：修習無常觀而尚未成就者，應時時刻刻、念茲在茲，提念修習。若已成就者，不需蓄意作觀，因爲無常即空，觀無常即觀空，既已契入空性，則毋須再觀無常，但其知覺仍在，雖有知覺而不執著，此即「覺照」。

古德說：「不怕念起，只愁覺遲。」此中的「念」有二意：一是未證空性的念，二是已證空性的念。未證者是散亂的妄念，及專注於方法的正念，是有取捨的；已證者是覺照及智慧，不與喜怒等煩惱心相應，是任運自在的。

所以對正在修行的人而言，必須時刻照顧念頭；對已有修證的人而言，只知有境界在，卻不會隨境妄動，而又不相妨礙。

一般而言，無常觀很不容易修習，必須有數息觀和不淨觀的基礎後，才較易得力。

就修行次第而言，西藏密教講前方便的四加行，中國佛教雖無「加行」之說，但是強調以懺悔作爲修行的前方便，因爲不懺悔，很難使心念安定下來，心不安定，修觀必不能成就。

推知宿業實存的方法

丹：佛法常說：「懺悔業障」，如何才能相信我們確實有無始的宿業存在呢？

師：我們有許多煩惱，乃至修行時的種種身心障礙，都可以說是業障現前。所以從身、心、環境的種種障礙，即可推知確實有無始的宿業存在。

問題的產生與對治方法

丹：修無常觀時，產生二種完全不同的反應：一是因作無常想，以致使心變得急躁不安。一是認爲無常的現象既是自然的規律，那又何必太在乎？因一切終究是無常的，所以態度變得無所謂，得過且過。應如何對治這二種心理反應？

師：以出離心爲基礎而修無常觀，必能精進努力而不敢放逸地隨波逐流。

以菩提心為基礎而修無常觀，但願眾生能成佛，自己並不要緊；能放下自我，自然不會急躁不安。

不淨觀與密乘本尊修法的異同

丹：我曾試著去修不淨觀，以致對自己的身心產生很大的厭惡感，自覺不妥，便停止不再修了。

師：這是在修不淨觀的過程中所發生的自然現象，應繼續修習下去。

丹：修不淨觀，看上去好像與密法中自觀身口意即是本尊之修法相矛盾，但我相信兩者間應有其圓融的中道。

師：修密法要求觀修自身即本尊，二者合一無別，但最後仍需與空性相應，那並非容易的事。至於修不淨觀，最終目標是成就大光明三昧。

（訪問日期：一九九一年十一月十三日）

二、禪境・聞思修

初入禪境的滋味及其保任的方法

丹增諦深喇嘛（以下簡稱丹）：師父在《禪》這本書中提到，初入禪境，如淺嚐了一口葡萄酒般地稍稍體悟了無我的滋味，請問如何才是「初入禪境」？如何令此禪境不失而能向更高深的層次進修？

聖嚴法師（以下簡稱師）：此處所謂的「禪境」，與《阿含經》、部派所說的「禪定」不同。《阿含經》、部派的「禪定」，是指入四禪八定或九次第定；但是漢傳佛教的「禪」是講智慧而非指入定。入禪境是指開智慧、見佛性，亦即是見空性、實證無我。平常由研讀經論而瞭解的「空」，只是一種觀念，「無我」也只是一種理論，並非實證。所以我用淺嚐一口葡萄酒來比喻初嚐禪的滋味，即指從未見過或體驗過空性的人，而今體驗到了。對一般人而言，「佛性」似乎是有一樣東西的存在，事實上佛性即無性，《金剛經》的「無相」，在《六祖壇經》中又叫作「無性」，早期《阿含經》則叫作「空」、「無常」、「無我」，都是空性的意

思。

初入禪境，見到空性，那只是一種體驗而已，因自己的煩惱仍在，且福德不足，修持功力不夠，所以煩惱仍會起來，煩惱一起來，就離開了無我的境界，又墮入有我之中。有我就有煩惱，但曾有過無我的經驗，知道空的境界之後，再努力修行的話，那種無我的空性體驗，還會繼續不斷地出現。所以禪宗主張先要修持破本參，亦即要求見性。見性之後則需保任，就是必須保護它，使它成長，如已發芽的種子，要給它陽光、空氣、水和養分，使它成長起來一樣。

因此，見性以後的人，仍須在日常生活中時時觀照自心，常常提醒自己，禪宗的「提話頭」、「提念頭」，就是經常提起正念的意思。所謂「提」，是當話頭被放下或失去正念時，就會產生懈怠、散亂、放逸、煩惱習氣，源源不絕，此時便需「提」。在日常生活中，要經常提起正念，提起本參話頭。

修定的覺受與悟境

丹：我出家不久，去到藏人重建於印度南方的三大寺之一的哲蚌寺（目前有一千五百名僧人），在那裡每次辯完經後，要做大約二小時的祈禱，所誦持的經本很多，因我初去無法全背出來，所以就坐著觀想無我的道理，曾有二次突然聽不

到四周的聲音，眼前一片白色，像雪花一般，只覺身輕如雲，平常的身心沈重感都不見了，覺得非常歡喜，可惜那種情況剎那即逝，再想追尋，卻越找越找不到，只好放下了。我想請教這是否就是「初入禪境」的經驗？

師：這不是眞正進入禪境，只是一種覺受而已。我想當你的心較安寧穩定之後，剎那間煩惱暫時止息，但不是頓斷。由於這短暫的止息煩惱，使你的身心出現輕鬆、輕安的感覺。像你的那種情形有人能維持一、二個小時，有人一、二天，甚至有人維持一、二個月之久，這與最初用功力量的強弱和時間的長短成正比，如用功力量強、時間長，所產生的效果也較強、較久；反之則較弱、較短暫。若能由此而頓斷分別妄想執著，便是悟境現前。所以這種覺受和悟境有點關係，但卻不即是悟，並非禪佛教所說的禪境。在悟境之前，的確應有輕安境，雖然輕安境不等於悟境，卻是入禪境前的一種善境界和善根的表現。有此經驗後，一定會對修行產生信心，相信透過修行的努力必然會有好的經驗出現。

因爲你是無意中進入那種情況的，所以不容易再進去，但如繼續努力，不要用頭腦的邏輯思考，直接觀空、或無常、或聲音、或光，即專注於平常你所觀的方法上，就可能再出現那種情況，如出現的次數多了，你就會知道如何才能進入此境界。但這種境界出現多了，極可能變成一種執著，所以也不一定要出現這種

境界，可是它的確能增強信心，也能使性格穩定，心浮氣躁的人，有了一、二次這種經驗後，就會漸漸地安定下來。

禪修過程中的哭笑現象

丹：另有一次，是有一天早上，我看經看不下去了，於是打坐觀想，忽然聽到隔壁學校的鈴響，剎那間心中發出一種很可笑的感覺，連續笑了幾分鐘，也不知道自己爲什麼要笑，在打坐中突然聽到那鈴聲，似乎有一種東西讓我覺得很可笑，聽者和聲音之間好像有某種微妙的關係，使我非笑不可，完全抑制不住。如果那時有人進來，一定會認爲我精神有問題。不知這是一種什麼狀況？

師：這個問題你有沒有請教過貴寺中的傳承上師或格西老師？

丹：沒有。

師：爲什麼不請教？

丹：就我個人的感覺而言，印度南方三大寺首先要求我們要廣聞博學，精通經典內容，如自己私下嘗試坐禪，還跑去請教禪境的話，我怕別人誤解是否自以爲比上師和經師們更高明。也許這個擔心是不必要的，但的確是幾乎沒有人去問這方面的問題。另一方面我又擔心我的師父會因此而禁止我繼續禪坐，如果不聽

就是違背師訓，如果聽從又覺得不應該放棄這種修行方法，使我感到很矛盾，因此只好隱瞞，以免被制止或讓人誤以為我在炫耀。

師：那也就是說寺中的其他師兄弟很少有像你這樣打坐修禪定，而又有那種自修的經驗和境界的人了？

丹：如果和中國禪寺相比，幾乎可以說沒有。在我的印象中，當一九八五年我去中國南方的天童寺、阿育王寺、普陀山和許多禪寺時，到處可以看到集體打坐或個人打坐的禪修者，盤腿閉眼地坐在那兒。但西藏三大寺中除非是很有聲望的格西或仁波切，有專門的閉關修行外，平常無論是共修場所或寮房裡，都很少看到有盤腿打坐的人。

學佛人的安心之道

師：那他們怎麼安心呢？

丹：起先我也感到矛盾，他們的生活條件那麼艱苦，為什麼還能安心地住下去呢？後來我逐漸找到答案，因為他們對追求佛法哲理的信心遠超過一般人。同時，當他們的信心通過學習辯論，因此而瞭解許多深妙的道理之後，便獲得了超乎常人的智慧之樂，雖然他們不能坐下來修，但只要聽到別人談論佛法或人生的

問題時，心中朗然明白自己的確是超越一般俗人和外道的。或當許多學者在討論如何度過這一生時，你不難發現那些學者們總是在繞圈圈，而自己早已超越那個圈子了，像這樣從佛法的修學中得到快樂和滿足的人很多。另一種人所以能安住下來，是因爲佛經中有很多道理是鼓勵我們厭離世俗生活的，所以他們雖很少離開寺院，卻打從心底相信寺院之外的世界必然是非常混濁可怕的，因此他們寧願留在寺院裡。

師：關於你打坐時的那個笑的經驗，有時也可能會哭，不論哭或笑，並不是本身在笑在哭，他清楚自己在笑，只覺好笑，但究竟爲什麼要笑，自己也說不上來。你笑過之後，一定會感到這個世界好像沒有任何事可以發生，或自覺很輕鬆，是否有這些現象呢？

丹：有一點。

師：從修行經驗來看，這沒有什麼原因，是一種氣的作用。在用方法或很專心的情況下，我們的肌肉、神經可能很緊張，呼吸或較快或較慢，我們的脈搏、呼吸、肌肉、神經反應，都異於平常，此時如聽到某種聲音或見到某種景象，內心突然產生反應時，當下就離開了那個正在用功的狀況，實際上你是受到干擾而中止了用功，這樣的中斷一下，是很好的，因在你很緊張時，一放就放鬆了，放

鬆時會產生哭或笑等情形。

你知道身體在哭在笑，卻不能停止，自己也沒想到要它停止；有時雖想停止，卻停不了，完全失去控制。此時自己的念頭已和身體分離了。若哭笑時間太久，只好由師父或別人幫忙，告訴你該怎麼辦，就可以解決問題了。如果一直哭笑下去無人幫忙的話，也會自動停下來的，等你笑累了，力氣沒了，神經放鬆了，自然就沒事了，不過那樣是很傷元氣的。通常在笑的時候，神經肌肉還是緊張的，笑過之後，身體逐漸放鬆了，可能會感到有點累，必須休息一下才能繼續用功，否則頭腦是散的，根本無法集中。你笑的時間不長，可能不會感到累。

丹：是不覺得累，因從一開始，我就勉力控制，恐怕被人看到，所以很快就停止了。當時只覺得聽聲音的我與所聽到的聲音間，有一種很微妙的關係，那是平常我從未感覺和發現到的，所以覺得很有意思。

師：聽者和所聽到的聲音似乎是同一樣東西。

丹：好像彈簧，一壓就沒有了，不壓卻又拉長地擠過來。

師：那就是所謂內外統一的感受。心的統一有三種：身心統一、內外統一和前後念統一。內外統一，是指環境對象和自己連在一起，不能分離，如果是二個東西，就可以分離。但實際上外境和自己並不就是一樣東西，明知是二個，卻又

連在一起，不能分離。

發生哭笑現象的處理方法

果元法師：請問當學生發生哭、笑的情形時，老師應如何加以指導？

師：因人而異，並無絕對固定的方法。但一定得是你的學生，而且對你有信心，才可能幫助他，否則很可能你用什麼方法都沒有用。所以如果有人因禪修而身心發生問題時，如不是我的弟子，我通常不幫他們解決，因他不一定相信我，只是想試試看我能否醫得好他；再者如果沒有醫好，他就會亂講話，說我害了他，使他變得更糟。所以不是我的弟子，我不幫他，有時不必他人幫忙，也能自己慢慢解決問題。

如果是自己的弟子，而且他也相信你的話，遇到哭笑的情形時，最重要的是要他放鬆身體，不用頭腦，停止思想。這樣，可能不易做到。所以先請他把眼睛閉起來，注意聲音，不是用耳朵去聽，而是讓聲音自己進到耳朵裡來，平靜地注意著聲音，因注意聲音，所以身體就漸漸放鬆，頭腦也逐漸寧靜下來了。但這也不是唯一的方法，須得視當時情況，因人而異。這種聽聲音的方法，也得有老師教授，否則也可能產生反效果，這就是我為什麼經常要說：「禪修必須有經驗的

老師指導，光憑看書，不太可靠。」的原因。

禪修方法的著相與不著相

丹：您在《禪》這本書中，提到禪的精神是重實際、重經驗的。不知這個精神是如何具體表現出來的？依我的理解，禪修的特點之一是放下、不著相，而您在此卻說：「重實際、重經驗。」那就給我一種感覺，是否參禪時也要像一般的觀法，如修不淨觀時的觀身中三十二或三十六物那樣的次第作觀；如果是的話，這種層次的實際和經驗，與不著相的特點，似乎有矛盾，無法統一。

師：禪的修行，如果完全不著相，根本就無從下手了，一定先要有個下手處，所以初開始時是有相的，再從有相到無相。有相是方便，無相是目的。如果一下子就不著相，那就無法開始修行了。

禪宗祖師在訓練弟子時，仍是以有相的方法來達到無相的目的。譬如有禪師要弟子不准說有，亦不准說無，且必須道出一句來；說「有」不行，說「無」也錯，那還能說什麼呢？不說也不行，「有」、「無」都是有相，離此二邊而說一句，依舊落於有相的層次。在這種情境下，有人說話、有人不說話，或用拳打、或用腳踢，或用手做個圓相再作勢丟掉，或在地上畫圓圈再作勢踩掉。這些都還

是用有相來表示無相的。所以實踐本身，一定是有相的。

但是實踐的目的，則是要達到無相的境地。

藏、漢佛教對聞思修三慧的見解

丹：在西藏傳統的學習佛法的過程中，尤其是格魯巴（黃教）主張先聞、後思、再修，由這個過程貫穿一個學佛者的一生經歷。我的疑惑是，如何區分聞所成慧、思所成慧和修所成慧，三者間本質上的差別？譬如聞無常所生之智慧與思、修無常所生之智慧，他們所緣的對象一樣，但智慧層面的本質有何區別？

師：中國禪宗很少考慮這些問題，在禪宗語錄中幾乎沒有討論到這三慧的問題。但我們知道不論是小乘或大乘的經論，都談及這個問題，像南傳的《清淨道論》，漢傳的《楞嚴經》、《瑜伽師地論》中，都曾討論三慧的問題。在《楞嚴經》中還具體地講到「從聞思修而入三摩地」，三摩地即解脫慧、如來智慧，此即是說有三個次第的智慧，依之而證入如來解脫慧。但在部派和大乘經論中，對於聞思修的觀念也並不完全相同，有的分層次講，有的則認爲三者皆是「慧」，並無差別。我們在《阿含經》和律藏中可以看到一聞佛法即得解脫的例子，所謂聲聞，即是因聞法而生慧、因見而生慧，緣覺亦然。比如當時有許多善來比丘，一次見

佛聞法，立即證得阿羅漢果。從聞思到證得之間，根本沒有修的階段。但到後來的論典中，則有次第的主張，因爲論典是須有組織層次的，聽聞之後，加以審察、思考，然後如實而修。聽的時候已有了智慧，審察時又產生一層智慧，如實而修時又產生更深一層的智慧，這就是依聞思修的次第而逐漸深入。那這三種智慧是否有淺深之別呢？當然是有的，但就慧的本身而言，應同是無漏慧，不是有漏慧。也有人認爲聞所成慧、思所成慧可能都還是知見的非是實證的，實證是指親自體驗到了，所以唯有修所成慧才眞正是實證的，這種解釋法是否可靠，値得商榷。由於個人修持淺，證驗也不夠，所以對這個問題，我沒有多少心得。諦深法師你在西藏有沒有聽過關於這個問題的解釋法呢？

丹：對於這三個階段的智慧，有相似智慧和眞實智慧之分，如果在聞這個階段所產生的智慧不是相似慧而是眞實智慧的話，那與思所得慧一樣，思所得慧如是眞實而非相似慧的話，便與修所得慧一樣。正如一條線，從細處拉到最粗處，起頭雖細，但仍是線，中間乃至最後都是線。

師：這樣的解釋法很周全穩當，兩邊都顧慮到了，也不說它絕對是有漏或無漏慧。相似慧尚未證到勝義諦，非第一義諦，所以是有漏吧？

（訪問日期：一九九一年十一月十四日）

三、見山見水

「見山不是山，見水不是水」與證得中觀見的境界之異同

丹增諦深喇嘛（以下簡稱丹）：禪宗說開悟後「見山不是山，見水不是水」。而西藏的宗喀巴大師則說「悟道者得中觀見」。眞正開悟以後的人，在世俗諦上，因爲因果的關係，他絕對承認他所見的一切，就是那樣眞實的存在的；在勝義諦上，他相信自己的無漏智所現觀的眞如空性。如果二者間不相矛盾，而能連貫成一個本體現象的話，就是證得了中觀見。

禪師「見山不是山，見水不是水」的境界和宗喀巴大師的開示有何差別呢？

聖嚴法師（以下簡稱師）：我想是不一樣的。「見山不是山，見水不是水」的層次並非中觀見，也不是悟後的境界，它是在用功時的一種情況，正如孔子《論語》中所說的：「視而不見，聽而不聞，食而不知其味。」也就是當行者工夫成片時，只有專心在他所觀所修的方法上，此時只有方法，沒有外境，所以看到山不知是山，看到水不知是水，因他的心裡除了方法之外，已無暇對外境起了別

觀察作用。這是向內觀照的工夫做得非常深沉的情形下，才會發生的。

如依你現在所敘述的宗喀巴大師的中觀見的境界，那是在另一個層次了。凡夫所見的山和水，是有執著、有障礙的山和水，而宗喀巴大師所說的那個境界，心中已無執著，所以雖然山水還是山水，但卻是沒有執著和障礙的，這應該就是禪宗「見山還是山，見水又是水」的層次。雖然山水依舊，但其中已沒有我的分別執著在裡頭了。也就是說，悟後的境界，見山還是山，見水還是水，就是「我」沒有了，山水的存在是一個客觀的事實，和自己沒有什麼關係。這跟宗喀巴大師的中觀見是否相似呢？我不曉得。

「見山不是山」的境界並非神通

丹：在西藏像密勒日巴大師、岡波巴大師，以及一些格魯巴的大師們，當他們的修持達到一定程度後，就會產生某種特殊的現象。以岡波巴大師爲例，有一次，他的弟子問他：悟到空性時，萬法與你無礙，你就是萬法，萬法就是你，二者間毫無分別時，究竟是一種什麼狀況呢？於是岡波巴大師以手指向身邊的柱子說，你看這柱子後面到底有什麼東西？他一伸手，手指就穿過柱子，透到後面去了，來回無障礙。另外，在西藏哲蚌寺的「果芒扎倉」，有一古老的傳說，藏語

「果芒」是多門的意思，爲什麼叫作「多門」呢？在哲蚌寺有一個傳統的作法，就是在僧眾集會前關閉佛殿的正門。有一次，有許多開悟的大師落後了，被小喇嘛們堵在寺門口，無法擠進去，於是他們就穿過牆壁，進去裡面參加供齋法會，因此才取名爲「多門」。這些現象和「見山不是山」的禪師境界有無相通之處？

師：你所講的岡波巴大師等人的情形是神通妙用。在漢傳佛教的禪宗裡，雖然也有神通的例子，但對一個正在修行的人，所體驗到的「見山不是山，見水不是水」的境界，應該是和神通無關的。禪宗始終迴避神通，也不用神通，禪以心爲主，以心得自由、心得清淨、心除煩惱爲主，明心見性，見性即是見空性。至於手能穿柱、身能穿牆，是神通現象，雖不能與禪的悟境完全無關，但禪悟畢竟不是神通。

神通

丹：這些神通現象，僅僅只是一種意念上的影像，或是用眞正的血肉之軀去穿牆呢？

師：就是用這個血肉之軀，毫無問題。但當他穿牆時，牆不會破損，當他的手穿過柱子再拿出來時，柱子也完好如初，沒有任何影響。所以神通不會影響原

有物質的組織，就此血肉之軀，當他顯神通時，亦不受外界物質組織影響，因此能進出無礙。

丹：就現代科學和一般觀念而言，實在不可能吧？

師：不可能，所以才叫作神通。

丹：如何以佛法來給予合理的解釋呢？

師：無法解釋。神通就是神祕經驗，而不是魔術，有了神通的人若非必要，不會運用。如果常常表演，就有極大的危險性了，因爲神通不能違反因果。

神通與即身成佛

丹：如這種事實存在的話，能否依此更進一步說明「時輪金剛」法中所講的，當你觀想自己和時輪金剛的佛父佛母一體時，到最後自己的血肉之軀，將會化歸爲金剛的佛父佛母是有可能的，就像水銀滲透鐵片那樣，最後鐵片完全和水銀融合在一起。因爲心物萬法皆是緣起法，了無自性，所以一個修時輪密法的瑜伽行者假如能如法觀想自己是佛父佛母的話，等工夫純熟了，自然就像水銀滲透鐵片那樣，化自己的血肉之軀爲時輪金剛的佛父佛母，與之一體無別，也就是即身成佛。

師：那就是說這個身體本身就成了佛？

丹：對，不離開這個身體就可以成佛了。

師：早期的佛法，並無這種思想，因爲我們的人間色身是四大的假合，一定有成壞，是無常的，不可能永恆存在，所以「即身成佛」的觀念頗有問題。但這個觀念和中國道家的思想倒有點類似，道家講「羽化登仙」、「白日飛昇」，就是將這個身體化成仙人的身體。但早期的印度宗教，並沒有這種主張，而認爲人還是會死的。

在印度宗教思想中，似乎也不易找到即身化爲梵我的觀念，所以「即身成佛」的思想，是否在西藏才產生的？或是在印度波羅王朝的超戒寺時代就已經有了呢？西藏佛教講「即身成佛」，也有它的道理在，我們不能否定它，但這與神通無關。它不是神通，卻能以神通變化自在，並不等於成佛，也和「見山不是山，見水不是水」的境界無關。

參禪和菩提心、出離心的關係

丹：就我對禪宗有限的瞭解來說，禪師似乎不像藏傳佛教那樣地重視菩提心和出離心的觀念。這使我感到疑惑，在此，我想知道是不是參禪的人更容易發願

菩提心和行菩提心，而且是不是很快就能成就？換句話說，參禪和願菩提心、行菩提心之間是否應有密切的因果關係呢？

師：在菩提達摩的「二入四行」中，講得很清楚。所謂「四行」是：

（一）報冤行：對所受的苦，知是果報而不排斥。

（二）隨緣行：對勝報榮譽等事，知是宿因所感，緣盡還無，因此不會太興奮。

（三）無所求行：自己不爲成佛，不爲解脫，不爲福報，不爲智慧，照著去做就是了，無所求，但是要好好的努力。

（四）稱法行：法法本來如此，每一法都應該自然而然地運作。一個開悟的人是不會離開世間的，而是隨順世間一切現象，無條件的度化眾生。所謂「稱法」的「法」是指一切現象，「稱法」是隨順一切現象的需要而有所作爲。一個證得法性的人，必能安住在法性中，對他自己而言，是絕對的滿足，但面對外在的環境，則須配合環境的需要而運作。比如釋迦牟尼成佛之後，仍要度眾生。他因慈憫眾生的種種痛苦而出家修行，求解脫的目的不是爲自己，而是爲解脫眾生，所以成佛之後並沒有逃離人間。總之，因緣要我做什麼，我就做什麼，但總不離開佛法根本，這就是稱法行，這應該和菩提心很有關係吧？

在《六祖壇經》中，也未見到「菩提心」這個名詞，但是特別重視四弘誓願：度自心眾生，斷自心煩惱，學自性佛法，成自性佛道。

為什麼要強調自心及自性呢？因為眾生不在心外，煩惱即是自心，眾生就是我，我就是眾生，所以只要有一眾生未得度，我就不能跑掉不管。又所謂「自心眾生」，雖然眾生因我而得度，實是他們自心自度，與我無關。如果說是我度眾生，即成執著。其實《六祖壇經》所言度自心眾生，即是大菩提心。

禪宗的思想與《金剛經》及《維摩經》的關係，極其密切。而在《金剛經》的第一分，便標明該經是為告示大眾，如何來「發阿耨多羅三藐三菩提心」。在《維摩經》的第四品說「菩提者，不可以身得，不可以心得」。《金剛經》及《維摩經》均以菩提心為出發點，又以「無相」及「不二」為終極點。禪宗的《六祖壇經．般若品》中惠能大師囑弟子們念「摩訶般若波羅蜜」，便是教人首先空諸法相，不是教人先有所取而再捨所有。這就是頓教法門的特點。因此《金剛經》雖一再強調無相離相，但也一再強調以佛法布施教化他人的無量功德。這也就是大菩提心的表現。

因此，我們可以看出，禪宗雖沒有明顯地提出菩提心、出離心、大悲願等名詞，但卻不離這些精神。

不動的禪境

丹：您在《禪》這本書中提到，哲學家和宗教家雖見到了本體的寧靜，卻無法驅除現象的混亂，那麼一個禪師又如何能在見到本體時，去控制現象界的混亂呢？

師：現象界的混亂是外在的事實，不是內心的事實。舉例來說：假定這一片牆是一面大鏡子，這間房子是一個舞臺，鏡子可以反應舞臺上所發生的任何事情，可是和鏡子卻毫無關係，所以鏡子本身始終不受干擾，雖然外境在動，但它本身卻是不動的。那對鏡子而言，外境的動便是不存在的，它沒有看到「動」。如看到「動」，就是有記錄、有分別，那鏡子也動起來了，這是很奇怪的事，鏡子是不應該動的。

可知，離開分別心、執著心，所看到的世界，是不動的，那時也毋須控制現象界的混亂了。

丹：此處的「鏡子」，是否用來比喻已見性的禪師的心？

師：不一定。當禪境到達內外統一的程度時，他所看到的世界是不動的，但並不是眞的見性，還只是「見山不是山，見水不是水」的不動。不動心並不等於

智慧心。所以定不等於慧。但在離執以後的清淨心，也是永恆不動的，那便是見性悟道的心了。

禪境與神通

丹：在這種境界中，能否看到三惡道的眾生，譬如在地獄中受苦的眾生？

師：禪宗祖師從來不談這個問題。可是在印度和西藏都常提及這方面的問題。此在大乘經典，也常講天道鬼神，在部派佛教也講，像《起世因緣經》、《大樓炭經》等都提到有關六道的問題。若沒有看到，他們不會講。這可能和印度本來的傳說有關，印度教一向就常講神通，但到目前爲止，六道中的鬼神及天神的存在是無法用科學方法來證明的。神通的存在是可以確定的，但通過天耳通、天眼通、宿命通等所見的境界，是否全是外在的純客觀的事實，則是有待討論的。

神通所見，多是一種內觀的經驗，可能不同的人見到相同的東西，也可能不同的人見到不同的東西，不同的宗教則各自見到所見的境界。可見透過神通所見的境界，是否即是外在客觀的事實，尙無法用科學來證明。

至於是否眞有天神鬼道存在？我們信佛的人，應該相信有客觀的六道存在。不過在禪宗是很少談神通和神鬼的。

在西藏一定會談神通，因藏傳的大乘佛教是印度佛教的後期大乘，就是漢傳的大乘經典也都有許多有關天及神鬼的記載。

至於中國的禪宗，爲何不重視神通？這固與般若思想有關，更與中國文化有關，中國孔子不講「怪力亂神」，中國人基本上討厭且不相信怪力亂神，認爲那是妖言惑眾，會影響社會的安定，所以深受儒家思想影響的中國知識階層，可說是一個現實主義、人文主義或人道主義的社會，因此使得中國佛教特別迴避講神通。而禪宗又是比較徹底的，有任何境界出現都當作魔境看待，故主張「佛來佛斬，魔來魔斬」。而中國禪宗所以能吸引人的地方，正在於它的樸實，因爲神通雖有某些作用，卻無法改變你的命運，對修證更幫不上忙。有時神通雖能使你感動而感化你，但善根還是自己種，這才合乎因果律。

（訪問日期：一九九一年十一月十五日）

四、有餘依涅槃・空有・次第

漢藏佛法中對斷除二障、證入涅槃等見解之異同

丹增諦深喇嘛（以下簡稱丹）：大乘的有餘涅槃是否即正等正覺的無上佛果？比如八地以上的菩薩，按照西藏中觀應成派的說法，雖未斷所知障，但已斷了煩惱障，這種已證入八地的大乘菩薩所證得的，是否算是有餘涅槃？

聖嚴法師（以下簡稱師）：在中國漢傳的小乘有餘涅槃是指已證阿羅漢果而尚有最後肉身，無餘則爲阿羅漢捨報圓寂。至於大乘的有餘無餘，見於《攝大乘論》，列舉：1.本來清淨涅槃，2.無住處涅槃，3.有餘依涅槃，4.無餘依涅槃。《成唯識論》卷一〇釋有餘依涅槃的定義是眞如出煩惱障，然尚有微苦所依的過去業因成就的身體，而障永寂。眞如出所知障名無餘依涅槃。出所知障而不住生死、不住涅槃爲無住處涅槃。以上三種均以如來之清淨法身爲涅槃之體。

依據天臺宗別教的看法，煩惱的名目分爲四類：見惑、思惑、塵沙、無明，十信位伏思惑，初住斷見惑，二至七住斷思惑，八、九、十住斷界內塵沙，十行

斷界外塵沙，十迴向伏無明，初地至十地分斷十品無明，等覺斷一品無明，佛位斷無品無明。天臺宗依《涅槃經》之說：解脫法、如來身、大般若，是涅槃的三德，缺一不可，則知未登佛位，不證涅槃。

煩惱（我執）、所知（法執）二障之說，出於唯識學派。小乘羅漢唯斷煩惱障，大乘菩薩俱斷二障，此二障各有分別及俱生二類，初地前伏分別二障的現行，初地開始斷二障種子，二地至十地，地地漸斷俱生所知障，至第八地斷俱生煩惱障。分別俱生的二障習氣，初地以上漸漸斷，登佛果位，一時斷盡。但未說八地菩薩已盡煩惱障便入有餘涅槃。

若依天臺宗通教的看法，稱爲二乘共十地，小乘初果相當於通教大乘的第三及四地，小乘二果則當通教大乘第五地，小乘三果是第六地，四果是第七地，辟支佛是第八地。以二乘的斷惑證涅槃，尙無法說即是通教第八地菩薩證涅槃，必須至通教的佛地，相當於別教的第十住心，斷界內塵沙惑，方證涅槃。

丹：中觀自續派說八地菩薩，已完全斷了煩惱障，這是在《中觀心論註思擇燄》裡，清辨菩薩講的。而應成派說，煩惱障的根本未斷之前，修斷所知障的道則無法生起。

師：也就是說煩惱障先斷，所知障是最後才斷？

丹：對，煩惱障斷了之後才斷所知障。而所知障就如您說的那樣有分別和俱生兩種，而且又有粗細之分。他認爲諦執是所知障，諦執的習氣直到成佛前一剎那才斷。

師：這應是唯識的思想，《中觀論》裡沒有提到煩惱障、所知障的問題，所以西藏中觀思想和唯識有關係。在中國的天臺宗，則將煩惱分別爲見思、塵沙、無明。

丹：此處的無明是指所知障的法執嗎？

師：是法執。

丹：初地菩薩已斷無明？

師：不是全斷，而是初斷一分。

丹：習氣未斷？

師：到八地都尙未斷習氣，要到佛地頓斷。

丹：此習氣不叫「無明」？

師：唯識家叫習氣，天臺家稱微細無明。直到最後，無間道金剛喻定剛現前才斷盡，就是說直到成佛才斷盡。

丹：西藏所講的「無明」，即包括法我執和人我執。依照天臺宗的說法，初地

菩薩只斷一分無明？

師：天臺宗將無明分成十二分，從初地開始一分一分地斷，到八地菩薩時，其實尚未完全斷盡。

丹：阿羅漢尚未斷微細煩惱？

師：當然未斷，若已斷就成佛了。但是不名煩惱而稱無明或習氣。

丹：中觀應成派又說，大乘菩薩在獲得八地時，煩惱障已完全斷除，只剩所知障，我想是俱生和分別二種都還有。

師：我對應成派的說法並不清楚。但我想這應從唯識的觀點來解釋說明。

八地菩薩是否已證有餘涅槃

丹：您所說的八地菩薩所證，是否即有餘涅槃？

師：不是。大乘的有餘涅槃是真正圓滿的涅槃，是圓滿的佛所證，不是假位的佛可證的。除非是已證入佛果，再化現菩薩身，才可以說他已證有餘涅槃，否則不可以這麼說。若比照二乘的阿羅漢及辟支佛所證所斷，則也可以承認八地菩薩斷煩惱證有餘依涅槃，唯此僅是三乘共得的解脫身。以上有不共大乘的法身，必須連所知障也要斷盡，方證涅槃。

丹：八地菩薩是否已從生死煩惱的輪迴中解脫出來了呢？

師：他已證無功用行了，能示現八相成道，但並非已成佛，所以像觀世音菩薩雖早已現正法明如來的佛身，但他本身仍是菩薩。但也有人說觀世音菩薩就是正法明如來的化身，如果是這樣的話，那觀世音菩薩就是已證有餘涅槃了。但如果觀世音菩薩只是曾化現過正法明如來，以佛身度化眾生的話，則他尚未證入有餘涅槃，也還未入無餘涅槃，若比照阿羅漢而言，則相當於阿羅漢的有餘涅槃。

丹：依天臺的教判，斷煩惱障後，是否仍未獲得涅槃？

師：當然，必須三惑全斷才能證入涅槃。天臺家未設煩惱、所知二障之名。

丹：是否已經解脫了呢？

師：從煩惱得解脫，即從生死得解脫，阿羅漢已於生死得自在了。但不等於不共大乘的涅槃。

天臺三惑與二障、習氣之比較

丹：能否進一步說明一下煩惱、無明和習氣，何謂塵沙、習氣、無明呢？

師：從天臺宗的立場，建立三惑。習氣是唯識家言，相當於天臺家的微細無明。天臺的1.「見思惑」相當於唯識的分別煩惱障。見思又名見愛、見修、枝末

無明，是三界內的煩惱總稱。見惑的內容包括身、邊、邪、見取、戒禁取的五見，名爲五利使，以及貪、瞋、癡、慢、疑的五種煩惱，名爲五鈍使；思惑的內容包括迷於五根五境的煩惱，以貪、瞋、癡、慢的四惑爲體。2.「塵沙」相當於唯識的分別煩惱、所知二障現行。3.「無明」則相當於俱生二障及習氣。

二障與習氣的關係

丹：藏傳中觀家所說的俱生所知障，是否就是唯識宗所說的習氣？

師：我不清楚西藏中觀應成派的「俱生所知障」是什麼意思。

丹：根據我的瞭解，他所謂「俱生所知障」，是指修道修到最後用金剛喻定所斷的那一分所斷。

另外，習氣，是否有煩惱障的習氣和所知障的習氣之分？

師：是的。二障均有習氣。習氣並不就是煩惱障及所知障，比如喜歡吃大蒜的人，現在雖不吃了，但身上仍有味道。

丹：這個例子和我們寺院中的法師說的一樣，他說何謂所知障的習氣呢？如在舂臼中擣過大蒜，雖已淘盡洗過了，臼中仍有味道，那就是習氣。煩惱的種子，所知的習氣，應成派好像是這樣分別的。

唯識學派斷除二障轉識成智之修證次第

師：唯識學派的煩惱障及所知障，又名爲我執及法執。初地名見道位，由二空智斷第六識的分別二執，第七識亦斷自身分別二執現行，故皆轉有漏識成下品無漏智。二地至十地名修習位，第八地時能斷末那的俱生我執，捨去藏識之名，轉六、七二識成爲無漏妙智聚，第六識上分別法執的現行，八、九、十地漸漸斷除；第七識上俱生法執的現行，第十法雲地斷滅。修至佛果前的金剛無間道，才斷六、七二識的俱生法執種子，至佛果位於俱生法執的習氣斷盡，轉八識爲最上品無漏妙智聚。

丹：所說的邪見、見取、戒禁取見、身見、邊見等，好像是分別所知障？

師：不，那是分別煩惱障。

丹：俱生所知是法我執？

師：俱生所知是微細所知。微細所知，即俱生法執，第十地斷其現行，佛果前的無間道斷其種子。

丹：應成家就是這樣講的，斷煩惱以後才開始去修怎麼樣斷所知障，就是指這個微細的俱生所知障。

師：這是根據唯識思想講的。有煩惱障在的時候，一定有所知障；而有所知障的時候，煩惱障未必有。

證入涅槃後，是否能帶煩惱

師：你剛才問涅槃是不是帶有煩惱，這是有爭論的，有的講如來藏爲清淨，《勝鬘經》則說如來藏有「空」、有「不空」；有在纏和出纏。對眞如也有兩家說法，《大乘起信論》講眞如是可熏，「唯識」家講眞如是不變的。所謂「可熏」，即是已證眞如，還是可以受染煩惱熏。有說佛菩薩爲了度眾生的慈悲心，可以「留惑潤生」，也就是可以帶染，有煩惱。如果沒有煩惱，菩薩與佛無法在世界上度眾生。

丹：對。在西藏也有個爭論說：羅漢證得有餘涅槃，是不是還有業？是否還要斷煩惱業？有的說沒有，有的說有。說有的這一派，主張有煩惱業，但它是「帶有」，就像是說：我穿有我的袈裟，但這袈裟不爲我心續所攝，「有」，但不爲我的心續所有，因此袈裟是披在我身上，是爲我的心續的「帶有」並非「俱有」。所以說雖然有業，但是這個業爲什麼不驅使他輪迴呢？就是因爲它沒有煩惱在這中間起催化作用的緣故。

師：這樣的解釋法很好。

丹：這和您剛剛講的，是不是一回事？

師：我剛才講的是帶煩惱，只知道佛、菩薩因慈悲心，所以帶煩惱，如果不帶煩惱，他沒有辦法在生死之中度眾生，這個說法也是有爭論的。

丹：阿羅漢帶業，不論是證入有餘涅槃或無餘涅槃的阿羅漢，業都還沒斷。也有帶煩惱的菩薩，但我還沒聽到有煩惱的佛。

師：是啊！羅漢的涅槃並不是究竟涅槃，他雖然住於涅槃，從此以後灰身滅智，但是不是絕對的灰身滅智是有問題的。大乘論中提到，這些羅漢是醉於三昧酒而在那裡享受酒醉的滋味，但是酒醒之後，一定要出定的，一定要迴小向大，他會發現他並沒有眞的證到涅槃，還是要度眾生。

當然，佛是不會有煩惱的，但是當佛化爲菩薩身分來度眾生，也可帶有煩惱。

阿羅漢是否帶有「引業」

丹：漢傳佛法有沒有「引業」這個名詞？剛才我說證得有餘涅槃或無餘涅槃的兩種阿羅漢所帶的業是引業嗎？

師：有「引業」這個名詞。但我不知道阿羅漢帶的是否應該稱爲「引業」。

丹：凡夫的引業可使凡夫輪迴不斷，是不是這樣？

師：對。

丹：證得阿羅漢果的羅漢的引業，不見得會把他重新帶到六道輪迴裡邊來。

師：對。

什麼是「眞正的佛」

丹：寂天菩薩《入菩薩行論》第九品〈般若波羅蜜多品〉裡邊講到，佛涅槃以後，爲什麼還要再來的概念時，就和執著實有的經量部和毘婆娑宗的人發生爭論。毘婆娑宗和經量部問道：「如果佛不是眞實存在的話，怎麼能來度眾生？」接著又問：「你認爲佛是如幻如化的東西，怎麼會來做種種利生的事業？」寂天菩薩說：「你拜眞實的佛，造眞實的業，以後見到眞實的佛來度你和度眾生；我拜如幻如化的佛，造如幻如化的業，見到的是如幻如化的佛，積的也是如幻如化的福慧資糧。」他就是說你自己的願力是那麼樣的強，你看一切是如幻如化；不執實的話，將來你修到那個程度時，你看到的佛也是如幻如化的。如果你一定要依靠佛，但事實上佛是如幻如化的，你終將無所依靠。

師：此與各人所依思辨基礎有關，寂天菩薩依中觀見，所見諸佛，皆是如幻如化，任何一法，無不如幻如化。但在一切有部的觀點是：「三世實有，法體恆有。」經量部則比較進步，而謂：「現在有體，過未無體。」然在大眾部則云：「過去未來，非實有體。」又說：「一切法處，非所知，非所識量，非所通達，都無中有。」依此三種思想背景，開展出大乘佛教的瑜伽唯識派及中觀派，藏傳佛教又將此二合為一派。

也就是說，藏傳的中觀應成派，雖然講空，卻非印度中觀的空，仍是空中帶有的。

丹：坦白的講，到目前為止，我對已證阿耨多羅三藐三菩提聖果證入究竟圓滿涅槃的佛陀的觀念，是依據寂天菩薩的《入菩薩行論》裡面所說的那個見解，作我信解的宗義。我認為在因位修學時，如果從一開始就不著相、不執實，當自己修到七地、八地以上時，因為自己的願力和精進心的緣故，也能見到那如幻如化的佛，而真正的佛也應該是那樣的。至少化身佛在行業上必定是如幻如化的。

師：真正的佛是空性，所以沒有任何東西可以叫作「真正的佛」，你所見到的不論是報身也好、法身也好，法身無身，報身佛則是如幻如化的佛。如果真正的法身佛能被見到的話，那一定不是法身佛。

眞正的佛是常寂光，常寂光是沒有東西的，也沒有可見的。不是用我們的心意識所能體會和解釋的，唯有離開心意識所見到的佛才是眞正的佛。

面對六塵時，佛與眾生最大的不同點

丹：另外有個問題跟這佛的涅槃也有關係，比如說我們講凡夫看到外在的六塵時，就動心起念生執著。但度眾生的佛，照樣看到凡夫所見的六塵，卻能不起心動念。佛是斷了的，這是一種怎樣的斷法呢？

師：也有人問過我這個問題。從經論中發現：佛跟我們所不同的就是沒有自我的判斷，沒有自我的立場，但是他的五官、六根照樣地動作，六識也照樣地工作。所以唯識講佛有四智，眾生用前五識的時候是煩惱，而佛用前五識的時候叫成所作智，是智慧。智慧的意思是沒有我，沒有自己的立場，但是如實的反應，如實的運作，應該怎麼運作，就怎麼運作。他不執著利害、得失、人我、是非，當下該怎麼處理，他就是怎麼處理。勝義諦雖然超越世俗諦卻不違世俗諦，佛的立場叫勝義諦，它不違亂世俗諦。就是說父親還是父親，兒子還是兒子。雖然勝義諦是超越父母子女的世俗關係之上的，但處理世俗的事情，還是依照世俗諦來表現，所不同的是：他不會因爲這是我的父親，我才愛他；這是我的冤家，我就

恨他。他沒有這樣的分別心，而平等地對待一切眾生。雖然眾生平等，但父親還是父親，兒子還是兒子，只要心裡邊沒有父子的情執，就是沒有煩惱，沒有煩惱就沒有我執在裡頭。因此，轉前五識為成所作智，就是成了佛以後才能夠轉的，沒有成佛以前，前五識表現的都還是煩惱。前五識跟成佛時的第八識同時轉，所以《六祖壇經》說：「六七因中轉，五八果上圓」，就是說六識、七識是在修行的時候轉。初地菩薩轉第六識為妙觀察智，轉第七識為平等性智。當十地圓滿，金剛喻定最後心時，轉第八識為大圓鏡智，轉前五識為成所作智。

丹：在因位階段的凡夫，因就是因、果就是果、善就是善、惡就是惡，分得很清楚，而佛應該是把這善和惡分得最清楚最究竟的人。

師：當然！

丹：所以在佛的觀念中，有善就是善、惡就是惡的觀念。

師：不是，這不是佛的觀念，是以眾生的立場給他善與惡的標準，在佛的立場上沒有善惡這樣東西。我們在《中論》的〈觀去來品〉中，看到了沒有過去和未來；在〈觀業品〉，看到了沒有善與不善。

對佛而言，六根沒有，六界沒有，生死也沒有，連佛也沒有。此在《中論》的〈觀六情品〉、〈觀六界品〉、〈觀本際品〉，都可見到。但眾生有啊！正因佛沒

有自己，所以他看到眾生，比所有眾生看得更清楚，如實的看到眾生的問題，所以他有悲心要度眾生。

佛的如所有智與盡所有智

丹：我想我提一個名相可能會更清楚一點。佛有兩智：一是如所有智，即通達勝義諦的智慧；一是盡所有智，即通達世俗諦的智慧。佛透過通達世俗諦的那個智慧，所看到的善和惡，是不是像凡夫看到的一樣，也是對立的呢？

師：完全一樣。佛是為了成就眾生，那個智慧才表現出來的，但也不能說跟凡夫完全一樣。有時候凡夫認為的善惡，佛不一定會認為是善惡。

丹：從這觀點能不能說這個佛帶染，就是說帶著通達世俗諦的智慧所分辨的那種善惡、是非、有無。

師：可能不對哦！帶業也好，帶染也好，應該是從寂滅而變成有他的身體活動，身體的出現以及身體的行為。

我們這身體是煩惱所感的果報身，而在佛的智慧裡邊不應該有煩惱，他的智慧就是智慧，清淨就是清淨，不可能在智慧裡頭又是清淨的，又是不清淨的。

丹：對！我們在辯經院的時候，經常對佛有沒有「我」這個觀念，或「我是

佛陀」、「我是比丘」、「我是中觀派的，持中觀見」的觀念等問題進行辯論。

師：您剛才提到的盡所有智、如所有智與勝義諦、世俗諦之間的關係如何？

丹：盡所有智是如實瞭解屬於世俗諦上的一切法之智。「如所有智」就是通達法性的智慧。

根本智與後得智

師：在《攝大乘論》及《成唯識論》均說到根本智與後得智，又名如理的無分別智及如事的有分別智，與你所說的如所有智及盡所有智，大概類似吧？

丹：《現觀莊嚴論》中講見性菩薩有根本智和後得智，後得智是出定以後的智慧，根本智就是現觀空性的無漏智，好比一滴牛奶滴進一杯已裝有牛奶的杯子裡邊，必將相溶不可分一樣，能見和所見二顯，能取和所取二法，實際上是不一不異的東西。兩顯的覺受全部證滅了的那種境界，悟道者和所悟的那個道完全化爲一體，圓融無礙，已經證到這種境界的覺者或禪師，他所證得的這種智慧，叫根本智。而出定以後，行菩薩道時的那個般若妙智，則叫作後得智。

師：智本身是一個東西，只是一體的兩面，一個就是親證法性破除無明的，破除一分無明即證見一分法性，就是因爲見法性可以破除無明。盡除無明徹見法

性，則是根本智。而後得智是適應這個世間的，你剛才說是「出定」以後才使用後得智。實際上，到了初地以上的菩薩，無所謂出定與不出定，他時時都在定中，定慧均等。菩薩進入初地，就是根本智的緣故。以根本智見法性身，破一分無明或斷二障種子，然後應對這世界時，則用後得智。用後得智的時候，因他已見到了法性，所以對應這世間時，雖然名相完全一樣，但已不同凡夫。

丹：知見不退的話，定力亦不滅？

師：對於已斷二障已得二智的佛及地上菩薩來說，知見不退定力也不滅。不能夠說他出定以後心就亂了，要不然他就不是佛及地上菩薩。

不過以天臺家言，別教初住至七住斷見思二惑，證位不退；十行斷界內塵沙，證行不退；初地以上分斷無明，證念不退。如說知見不退，僅及斷見惑，那還不能常在定中。

丹：談到定的力量，和與此定相應的智慧，就出定的凡夫菩薩而言，他的眞如智見，雖不是像在定位的時候那樣完全的顯現，在意識上面，則應明明朗朗。即便是不在定位中，那個智見也仍能明明朗朗地顯現在意識上嗎？

師：如果出定之後比較迷糊了，那表示他沒有進入初地。初地以上的菩薩不論入定或出定都應該是相同的，如果出定以後便像凡夫，那就是還沒有進入初

地。

丹：另外，有個說法就是得無間道智，恰似把賊趕出去，但還沒關上門，不小心的話，賊還會再回來，但在第二剎那間，獲得後得智的時候，就把門死死的關上了，從此以後賊再也不能進來了。

師：那就是很微細的分析了，我不清楚。不過從修證經驗而言，見空性者，未必即在空性中，如見山見水者，未必已在山和水中。

丹：能否請師父依您自己的實證經驗來分析根本智和後得智呢？

師：非常慚愧，那裡能以我自己的經驗談此二智。

禪定與智慧

丹：我是考慮到禪定的力量，是否有增減的問題。比如說在根本位的時候，那禪定力是完全圓滿的。到後得位的時候因爲出定的緣故，就稍稍有點減弱了，由於定力的減弱，是不是智慧也相對受到影響？

師：我想你講的是對的。因爲菩薩並沒有將煩惱全部斷盡，他還有煩惱，而在定中見法性時，則一點煩惱也沒有。但是就禪宗而言，天上雖有烏雲，但打一個雷，閃一下閃電，就只看到光而沒有看到雲了，可是雲是還在的，只是閃電的

光使你感覺到沒有看到雲而已，但是你已經看到光了。一直要到第八地以後，煩惱障斷盡，天上才會完全沒有烏雲。

丹：這裡的「光」是指什麼？

師：指菩薩的智慧。

丹：對，菩薩是先親證空性的。

師：親證空性，但是已經證了空性的人，在用後得智的時候，他的判斷力跟凡夫完全不一樣，要不然就不叫智了，既然具有不同的判斷力，那就表示他這力量應該是相當於在定中。我認爲這後得智和根本智一定是連在一起的，不能夠離開根本智而有後得智，所以在用後得智的時候，定的力量應該還在。

丹：菩薩出定以後，又再入定重修中觀空性道理的時候，他所證得的智慧還是和根本位時的智慧一樣嗎？

師：如果一個已經證道的人，在一次見道之後，從此不再見道，這是很奇怪的事，但說每一次入定都能見道，可能也有問題。定有深淺，所以不一定每次入定都能見空性。

丹：即使是已現證空性之後仍無法做到嗎？

師：對！證悟很深的見空性者，每次入定都能再見道，那是初地以上菩薩。

但初見道位有小乘、大乘之別，小乘初果見道，相當大乘初住至十住位，大乘見道是初地證法身。以禪宗而言，徹悟者固不論，淺悟者則要每次再見空性可能不是那麼容易。

丹：化身到這個世界來度眾生的釋迦牟尼佛，他有沒有說「我是比丘」、「我是持中觀見的人」和「我是佛教的創始人」？中國天臺宗和禪宗是否回答這個問題？

師：假名有我！如果沒有，釋迦牟尼佛爲什麼在諸大小乘經中處處說我，例如常說「我從昔來」、「我爲汝說」、「我是如來」、「我所說法」等。

丹：這和凡夫說「我」是不一樣的吧？

師：佛是假名「我」，凡夫是著相「我」。

禪宗的開悟與天臺教判的修證次第

丹：我發現很多學習漢傳佛法的人常喜歡說開悟，此時他所謂的開悟是指初地以上的人嗎？

師：不一定，禪宗雖講開悟，可是不講菩薩次第，而是一旦頓悟自心，即與諸佛無別。

若以天臺家的觀點，佛法有藏、通、別、圓的四教，除了藏教最高只成阿羅漢果，其餘三教的佛果，也是層次個別：1.通教的佛，相當於別教第十住位。2.別教的佛相當於圓教的十行位中第二饒益行階段。3.既名圓教，從凡夫至佛果的任何一人，都得名之爲佛，所以乃至凡夫外道雖未聞法，理即是佛；若能聞法，名字即佛；若能聞法修行，觀行即佛；進入內凡位，是相似即佛；從別教初地至圓教等覺位，是分證即佛；最後即成究竟即佛。

不過天臺家未說開悟見性，而開悟這個名詞，發源於天臺家的根本聖典，《法華經．方便品》有云「開示悟入佛之知見」。

天臺教判與藏傳佛教的修證次第之比較

丹：別教不是藏教？

師：別教不是藏教，藏教是小乘，唯有釋迦牟尼一人成了佛，其他的人僅成聲聞與緣覺；通教僅有三乘共通的十地；別教的佛，要經五十二個位次，要從十信、十住、十行、十迴向、十地，最後還有等覺和妙覺，歷三祇百劫的次第階位而成佛。西藏有沒有這種別教的說法？

丹：差不多。

師：一樣分五十二個階位嗎？

丹：按世俗諦的觀念來分的話，就是十地。若依菩提心的方法來分的話，有二十二個菩提心，最後的菩提心是法雲菩提心，那時候就是成佛了，那時候的菩提心，是究竟的菩提心、勝義諦的菩提心，法雲就可以降法雨。

師：那類似於天臺宗講的別教，第十法雲地菩薩，即能遍行法雨，普降法雨。然在漢傳佛教中的《大智度論》見有五種菩提心，未見二十二菩提心之名。

丹：二十二菩提心，出於二萬五千頌《般若經》合論，而用於《現觀莊嚴論》。

師：有時間次第差別嗎？

丹：有的。

師：有層次差別的佛是很不容易成就的，所以天臺宗所講別教的佛，不容易即身成就。

何謂禪宗的「開悟」

丹：那禪宗的開悟呢？

師：禪宗的開悟，不談層次，它是見性成佛，見性即見了佛性，就是跟佛所

見的完全一樣。這一念你跟佛完全一樣，就是成了佛；下一念如果跟眾生一樣，又是眾生。念念是佛，念念是眾生，你的心跟佛心相應就是佛，你的心跟佛心不相應就是眾生，這是禪宗的意思。因此，禪宗鼓勵人要努力修行，時時刻刻要保持佛心。

丹：當你現觀空性時，就是開悟嗎？

師：對。

丹：空性是指心的空性呢？還是外境的？

師：沒有內外。

丹：那一般的人說：「他是個開悟的人」，並不一定是說他就是一個解脫了的證到初地以上的人。

師：也不能這麼說。

丹：這開悟究竟是一種什麼樣的境界呢？

師：就是見空性，見空性就是開悟。

丹：凡夫也可以見空性嗎？

師：若見空性，即不落凡聖。

有的人見性以後能夠保持一段時間沒有煩惱，有的人保持很久，甚至一生都

沒有問題，煩惱不顯現，但他們也不會講我就是初地菩薩，因爲禪宗講無住無相的不執著。至於是佛？是菩薩？是凡夫？根本不是問題。

藏傳佛教「觀空性」的二個層次

丹：對於觀空性分兩個層次：一是現量現觀，一是比量借觀。比量是經過邏輯的推理，是間接的。比如師父那天講的不淨觀，觀到最後見光，我想可能是觀的諸位與自己的法性相應變爲一體，這也是觀空性的一種，但這種空性不是眞正的空性而是比量借觀的，並不是直接現觀親證的。現量的觀空是現觀親證，比量的觀空是借觀借證。

師：何謂借觀？

丹：借一個相似的法性，不是眞正的法性，他雖看到內外一體，但尚未眞正化爲空性，所以看到外在的東西仍然還是有。

師：《現觀莊嚴論》應該是現量吧？講現觀現證。

丹：沒錯，「如所有智」就是通達法性的智慧。

五、業識・中陰・明心・中觀見

業與識

丹增諦深喇嘛（以下簡稱丹）：業與六識二者間的一般及特殊關係如何？

聖嚴法師（以下簡稱師）：「業」，在印度是釋迦牟尼佛未出世前就有的思想，是指一種行爲或造作。佛教出現後，業和三世十二因緣有關，在十二因緣中的觸、受、愛、取，即是業的過程和段落，由「取」而「有」，有什麼？即是有業的力量的延續，也就是有未來生死的果報種子，所以佛教所講的業與外道不同，在三世十二因緣中，業乃是指現在行爲而成爲未來果報之因。「識」，或說六識，或說八識。在原始《阿含經》中只有六識，部派末期的《俱舍論》，乃至初期大乘的般若經典，都仍是如此。《入楞伽經・第八刹那品》，到《顯揚聖教論》卷一，《成唯識論》卷七等，才開始講八識；又在《解深密經》卷一〈心意識相品〉及《攝大乘論》本卷上等，則提出相當於第八識的「阿陀那識」，所以八識之說是大乘佛教發展出來的。識的作用有三：一是了別，二是執著，三是流轉生死。

了別作用是指分別、認識、判斷，當六根接觸六境時，即產生識的作用，接著產生愛（包括不愛），由愛而取（包括捨），即生執著。所謂執著，即執持所造爲「我」，依所緣境而生我愛、我貪、我瞋、我慢等執著。因此成爲流轉到下一生果報的種子。

六識中的前五識，只有分別作用，無執著作用，亦即無我愛執。第六識則有深淺之別，淺者是與前五識俱起的了別作用。深者是指執著作用，即我愛、我恨、我取、我捨等之我愛執。依此我愛執而產生業力，即成爲未來果報體之因。所以說一切有部講「三世實有」、「法體恆有」，即過去的「有」，留到現在，現在的「有」之中，已有了未來的因，因此未來亦有。在《阿含經》中並沒有如此詳細的分析，而只提到「有」——有未來的生死。

五蘊中的識蘊，有認識、了別作用，其實是包含全部的六識，所以也隱然含有業力主體和果報之因的意義在內，這個觀念，後來發展成藏識，即第八阿賴耶識。

中陰身階段的業與識

丹：通常說你和你所造的業，形影不離，那麼死後在中陰身階段，所造業和

中陰身的第六識形影不離，這究竟是什麼樣的狀態呢？是像人和他的身影一樣，是二件事物，但同時卻並駕齊驅地走在一起的呢？或者還是像部派所說，是在心識上留下的種子？若是如此的話，心識本身不是不相應行，而業是不相應行，這二者間的依從關係究竟如何存在呢？

師：中陰身的階段，只是一種過渡時期的存在，那是五蘊身在死與生之間的一種存在，也可名爲「中有」或「中蘊」，不能造業，但有神識作用，還記得生前的事，當下則在等待因緣以便接受下一生的果報。中陰身是由生前業力所積聚而成的，但不一定人人都在死亡之後有中陰身階段，如在生前造極大惡業的人，馬上墮入三惡道，做極大善業者，立即生天，而大修行者，則馬上生佛國淨土，有大願力者，馬上化生或投生以度有緣的眾生，都沒有中陰身。可是也有某些論師主張人人都有中陰身，只是存在時間的長短不同而已。至於業與中陰，何者是主何者是從？業識是其主宰，它與中陰無法分割，故也無法分別，何者是不相應行。在唯識論的百法之中，有二十四法與心王心所不相應，但是未見中陰之名。業非相應，但是中陰身不造業。

丹：凡夫的中陰身，在投胎前是受業力的牽引，此時，業力是存在於心識之上或心識之外呢？

師：從感得異熟果的立場而言，業有引滿二業，決定投生何界是引業，生後的善惡行為是滿業。中陰身是受引業牽引而去轉生，是由業力決定，而非由自己的意識決定。

事實上，心識對於中陰身而言，是由業力所形成的一種「我的執著」，所以只是一個假名，叫作心識。實際上心識本身就是業力。中陰身是由前生的業力所形成的一種存在，是由業力集合而成的自我中心，所以中陰身階段的業和識是形影不離的。

丹：在中陰身時，起認識、判別、執著作用的第六識，是「名」是「識」呢？

師：彼時只知有「我」。但是仍有微細物質為身，而又不能起念造業，故其應該是「名」。

丹：中陰身有眼耳等五種根識嗎？

師：事實上，中陰身是意生身，但其既有身相，當有根識，故也有聖典說中陰身以聞香氣潤生，似有鼻根鼻識，經論多有異說。

丹：五蘊中，除色蘊外，受想行識四蘊此時不是俱在嗎？

師：中陰身無母胎所生五根，所以不造業，只有執著，但沒有自我意志的選

擇能力。

丹：是否是說全靠以前所造業力的推動？

師：對。不過若有人爲他做佛事修功德迴向給此中陰身，也有若干影響力。

丹：能否說心識有被業力所熏和不被業力所熏的分別呢？

師：不受業力所熏之識即清淨識。稱爲第九菴摩羅識，實際上，「熏」字用得並不恰當，因爲有熏即有「我」，只要還有一點我執在，就必然會受熏，不論是以善法、惡法或善業、惡業熏，只要有「熏」就有「我」。如果沒有我執，就不受熏，如阿羅漢已證得無我，所以不受熏，因爲無我即無從熏起，不論善業惡業，總是越熏越多，譬如水面產生漩渦時，便把所有垃圾集中到中間去。吾人意識流動而產生「我」，因爲有「我」這個中心點，所以使業力集中在一起，並且越積越多。邊積邊受報，業因一旦受了報就消失，未受報則仍存在。因此我們說有一個不受熏的清淨識，那是不得已而用「熏」字，因爲一講「熏」，似乎就有一受熏之物存在，但事實上並沒有實存的受熏之物，因爲清淨識即是無識，清淨心即是無心。至於中陰身的心法，稱爲「名」，如胎兒的「名色」之「名」，但不是心識。業和識互爲因緣，二者如吾人之雙掌，拍掌成響，此「響」即喻眾生之生死現象。識因業而有，業因識而動。爲何說「識因業而有」呢？識體本無，因造善惡

業之後執持為我，才稱之為「識」。為何說「業而識而動」呢？識中即含藏了業因，業的力量存於識中，當識發生作用時，即是造業。

何謂「見色明心」？

丹：禪宗說「見色明心」，應如何理解？

師：釋尊夜睹明星而開悟成佛，即是「見色明心」之例。辟支佛緣十二因緣成道，即見世間現象皆緣起緣滅，而體悟眞理。見世間相，即是「見色」，這也是「見色明心」。

離世間法而想「明心」，是不可能的。吾人賴以記憶的文字、語言、形象等符號，皆是色法。離開色法不可能開悟。

「見色明心」，非「觀色明心」

丹：此所謂「見色明心」是否不僅不觀色法，連色法之外的無色法也不觀？

師：不需要觀色，「見色明心」並非「觀色明心」，要觀的是心、不是色；對於色只是「見」而已，此「見」包括聽、看和感受。若觀色法即成次第禪觀的方法。

丹：禪宗故事中有摔了一跤而開悟的例子，此種現象是否就是經由觸覺而開悟的？

師：對。或是被打一拳、被吼一聲，喝一口水，過河時見水中身影而開悟。但那必須已有大問題大疑團在胸中，才會應境臨機，一觸即發。

丹：這些都可說是「見色明心」。

師：《心經》說「行深般若波羅蜜多時，照見五蘊皆空。」這是觀慧，而非定境；「般若波羅蜜多」是慧，看到五蘊皆空，即是「見色明心」。世間的次第定中不能開悟，因開悟不在定中，所以禪宗講成佛不在打坐，打坐不能成佛。《六祖壇經》不主張教人「坐著看心觀靜，不動不起」的修行法。

定與慧

丹：止觀雙修能否開悟？這不是一種定嗎？

師：止觀雙修，即止觀均等，可以開悟。但不只是定，止即觀，觀即止，爲止觀均等。《六祖壇經》則說「定慧等學」。此與止觀雙修相似而非相同。

丹：定可以生慧，但定本身爲什麼不是慧？

師：世間次第定本身不是慧，但定能生慧。定力強的人，易於聞法開悟。若

不聞佛法，定再深也不能開悟，邪見者所入之定名「邪定」，是和佛法不相應的。

丹：還有一入定上百年、上千年之說，如惠能大師現在可能仍在定中，那是止觀均等的定，或是另一種定？

師：惠能大師如還在定中，他所入的一定不是世間的次第定，應是即定即慧、即慧即定的世出世間的如來定。以《六祖壇經》中說：「即慧之時定在慧，即定之時慧在定。」這是禪宗對定慧之解釋。外道也有定，但有定而愚癡，有神通而多煩惱的人，比比皆是，有定有神通而仍有煩惱，就表示沒有智慧。

有智慧的人，雖然定力稍差，還沒關係，因他的煩惱較少。有定而又持戒者，仍不失為好人；若有定卻不知有戒，必將成為魔眾，為魔王所用。

丹：一個有定力的人，為何不能對自己的道德規範進行成功的約束呢？

師：定中是不會犯戒的，但在出定之後，由於邪見邪說的誤導，會使你偷、搶、邪淫、說謊、驕傲、懷疑、仇恨，因此而產生狂亂。如果又有神通，那就更會興風作浪，危害眾生了。

「無念為宗」的「念」是什麼意思？

丹：禪宗所謂「無念為宗」的「念」字，其一般和特殊意義是什麼？

師：「無念爲宗，無相爲體，無住爲本」是《六祖壇經》的重要思想之一，三句話實是同一意義。「念」的意思，不是思想念頭，而是指「我」，「我」即是「念」，念念不忘地將自我掛在心上就叫作「念」，所以「念」即我執，「無念」即無我之意。所以《六祖壇經》說：「於諸境上，心不染曰無念。於自念上，常離諸境，不於境上生心。」這便是《金剛經》「無住生心」的意思。

實證空性即證得無念

丹：能否說證得空性者，即證得無念？

師：可以這麼說，實證空性即證得無念。但我對藏傳佛教所說的「空性」頗感懷疑，因藏傳佛教常常提到空性，似乎有某一種東西叫作空性，空性似乎就是如來藏、眞如、佛性。《六祖壇經》中雖講佛性、自性，卻不講空性。實證空性的「空」是般若中觀的講法，此「空」即是中，不執左，不執右，亦不在中間，既非勝義諦，亦非世俗諦，若分別勝義諦及世俗諦，那還是有而不是空。如用中觀的立場來判定禪宗，是屬有宗非是空宗，因他仍主張有佛性和自性。

中觀見與空有之間

丹：中觀家說不立中說其是自性有的，亦不立中說其非是自性有的，是其中觀見。

師：不立中說是或不是，那他立什麼？

丹：可能就是禪宗所謂「言語道斷，心行處滅」的那種境界吧？

師：應是不立一法，有所立就有問題。

丹：不錯，中觀家是說一定要離開自己的主見以及能夠使人承認或可以說服別人、告訴別人的一種自性實有的東西。

師：自己設有立場，一定有東西要給人，就是所執。

丹：但一個禪師要不要對人說涅槃、圓寂、佛性、空性、有無等呢？

師：禪宗是有講這些名目的。所以禪宗非中觀家。其實，說有說無皆是方便談。方便說有，究竟說空，空即是中，中是二邊不著。有人聽到講「空」，就從有變成什麼都沒有。一聽說「中」，或以爲是站在中間抓住二邊；或是二邊都不要，只取中間，這些都是錯誤的。龍樹菩薩的中觀是主張離開二邊不執中間。《阿含經》未講到這個層次，只講「此生故彼生，此滅故彼滅」，講到寂滅，就沒有什麼好講的了。所以《阿含經》是講寂滅道的，但到了《般若經》卻說無苦集滅道，連四聖諦都沒有了。接著出現中觀思想，要我們不要分別勝義諦、世俗諦。

丹：這思想很危險！

師：不是危險，而是甚深。所以空義是不能隨便說的。在《金剛經》說「若復有人，得聞是經，不驚、不怖、不畏，當知是人，甚爲希有。」因爲「離一切諸相，即名諸佛。」離相無相即是勝義諦的實相般若；如果依舊分別說勝義和世俗，豈非多餘的。

不過，對一般凡夫愚者而言，若說空，即執斷見，若說有，即落常見，所以中道不說空有，《般若經》名爲畢竟空。

在《楞伽經》中說如來藏，或問此如來藏是否與梵我相同，經中雖說不要以爲如來藏就是梵我，卻又必須建立如來藏來說明非梵我的名目。

由此可見，眾生總是喜歡有，而怕落空，縱然那個「有」是「空」的別名，被稱爲「妙有」，總比光是說「空」好多了。

六、中觀見‧大成就者

禪宗思想和中觀思想

丹增諦深喇嘛（以下簡稱丹）：依中國禪宗祖師的觀點，什麼樣的「中觀見」是墮於斷常二邊？或其中一邊的？

聖嚴法師（以下簡稱師）：禪宗不講中觀見。當然也不會是斷見或常見，斷常二見是外道見，非佛教。

禪宗的《六祖壇經》講「無住」，不住於「前念今念後念」，於諸法上，念念不住，其實這就是中觀。「無住」的觀念，來自《金剛經》的「應無所住而生其心」，《金剛經》是般若思想的經典，而般若思想乃是中觀思想之源頭。

禪宗應該是主張「空」的，但相信「佛性」、「自性」存在，所以不落入斷邊。禪宗雖未說「佛性」、「自性」即空性，可是禪宗講「無」，事實上，「無」就是「佛性」，所以不落入常邊。其實，「佛性」、「自性」、「無」都是假名，但因為禪宗沒有說明這些名相只是假名安立，所以現代學者們，判定禪宗屬如來藏

系統，而非中觀性空之系統。

其實中國古代並未作此是空、是有，或是如來藏之分別，在印度也未如此分析。不知藏傳佛教是否有如來藏思想之說？就像中觀應成派含有瑜伽唯識學的思想一樣，是否也包含了如來藏思想？

漢藏佛教對如來藏和中觀思想之看法

丹：藏傳如來藏思想以《寶性論》為依據，其思想根源於《大方廣如來藏經》。但我不以為如來藏思想和中觀思想是不同的二種思想，我認為二者是同一的，就是在如來藏的觀念上確立中觀見。

師：所以在西藏是將各種思想匯流了，將如來藏、中觀、唯識，匯合而成中觀見。這樣的思想發展是很正常的，因為藏傳佛法屬後期佛教，後期思想是應發展匯合工作的。這在漢傳佛教也有類似趨勢，例如唐末宋初的《宗鏡錄》，就有這種傾向，到了元朝以下，顯密圓融、儒釋道三教同源、性相融會等思想都出現了。不過從思想史的觀點看，則另有見解。

禪宗祖師訶佛罵祖之目的及其影響

丹：我之所以提此問題，是就西藏佛教的觀點來看，不論內教或外道，總是非常、即斷，即使是佛教內部各宗派，皆可分成二派：一派是持的中觀見，一派是非持中觀見的。所以當西藏佛法在分析印度佛教的四個宗派時，毘婆沙宗有其墮入常邊或斷邊之見，經部也有，唯識派亦然。如中觀應成派即以其獨特之中觀見，而向人宣稱其思想在道上屬「中道」，在觀念上則是最正統最準確的。因此，我想禪宗必然也有其獨特不共之「中觀見」，如天然丹霞之劈佛燒火取暖，德山宣鑑之訶佛罵祖，在西藏對開悟的人而言，從某種特定的角度看，當然能接受，但對一般人而言，則可能是件落入斷見的行爲，因爲連佛法、佛像都似乎不值得尊重了。

師：不錯，對一般人而言，訶佛罵祖是無法理解的。

禪宗祖師訶佛罵祖，並非否定佛的智慧功德，其目的是破凡夫的執著，因爲心有執著，即無法開悟，所以訶佛罵祖，目的在幫助眾生開悟。另外，當某人親證空性時，自覺一切都是不存在的，這時也可能以這種方式來表現他所見的空性或佛性，所謂「處處不是佛」但同時也認爲「處處都是佛」，所以一個開悟者是不落於斷常二邊的，但禪宗不講「中觀」，而講「無住」。不過在普遍的對於三寶的敬信尊崇方面，禪宗的影響所及，是負面大於正面；許多僅僅看了若干禪宗公案

語錄而又未能眞修實悟的人，很容易落入偏狂的斷見，不敬信三寶而倡自性三寶，不懺悔不持戒而說自心清淨，不修梵行而說僧俗本來平等。

開悟者與中觀見

丹：若問已開悟的禪師，何謂眞正的「中道」？他必定有個回答吧？

師：他可能給你一拳。或反問：「你以爲呢？」道得一字即非「中道」，所謂：「開口便錯，動念即乖。」念頭一動，便已離開中觀了。

丹：我想西藏佛法所以反覆強調中觀見之重要，是認爲凡夫若無中觀思想之引導，總是會墮入斷、常二邊見中，即使一個開悟者，若不能具足正確的中觀見的話，也必將墮入頑空。

師：開悟的人，若非中觀見，那他尚未開悟，他的開悟是假的。執空執有，皆非開悟。講「開悟」悟什麼？悟空性，此空性並非頑空。若所悟之空性爲頑空，那是外道而非佛道，佛法之開悟，是悟非常非斷之空性。

丹：藏傳中觀派主張萬法在名言上是存在的，所以不墮斷見；在勝義諦上則是空，因此不墮常見。

師：漢傳佛法也一樣，名言即假名，「假名」有「實相」空。唯識法相宗則

講「法相」有，「法性」空。法性又分三性、三無性。三性是遍計執、依他起、圓成實。三無性是相無性、生無性、勝義無性。「三性」假名有，「三無性」勝義無。

禪宗沒有固定的修行次第

丹：一位禪師從開始修行到開悟的過程和次第如何？

師：如果有修行過程可言，則不名爲「頓悟」，他是沒有固定的修行過程和次第的，中國的天臺、唯識都有修行次第，唯有禪宗是沒有次第的。

丹：禪宗在修持上沒有明確的次第？

師：如有次第，則不名爲「頓」了。

至尊達賴法王所傳的時輪金剛的修持法是否也是沒有次第呢？

藏密的修行次第

丹：時輪金剛法的修持是有次第的。但目前爲了使更多的人都能與此聖法結上法緣，似乎「方便」顯得重要些，所以就不像以前那樣十分嚴格地強調屬於一般性的「次第」了。

師：修大圓滿、大手印好像也沒有次第吧？

丹：還是有的。有二種：生起次第和圓滿次第。如先須依次接受七個灌頂，未經灌頂，則不准修法，亦無法可修。接著要做十萬大禮拜，這是最起碼的修行次第。

生起次第修成後，才去修圓滿次第。在生起次第時，將自己的身口意三業完全淨化，達到與本尊能相應的程度；到圓滿次第時，則修自己與本尊不一不異。

禪宗的修行方法與次第禪法

師：禪宗則以無方法為最上方法，無次第是最高次第。至於如何能開悟呢？「知見」很重要。頓入佛知見，實際上是一種慧解脫。多半是聞法而開悟，所以開悟者不多。因為只有利根的人才能聞法而開悟。打坐、修定並不是禪的方法，次第禪法才有打坐修定的必要。次第禪法，也有方便，即由持戒，而習定，而發慧。如天臺智者大師的「六妙門」即是次第禪法。禪宗則無次第。

沒有方法，實在太難了，因此在四祖、五祖都有方法，宋以下的公案話頭及默照，也是方法。現在我所教的方法，也與次第禪有關，因為一般人還是需要次第。如打坐、數息、念佛、拜佛、經行等。因為有些人的煩惱太重、頭腦不清、

聽話都聽不進去，根本不可能「聞法開悟」，及觸機開悟，所以教他多拜佛、多勞作，時日一久，身心逐漸清淨安定，頭腦就越來越清楚了。這些都是我目前所用的方法和次第。

顯密間修行次第之異同

師：我看《密勒日巴傳》，他似乎也沒有方法，他的師父就是叫他做苦工，這是方便加行吧？

丹：是方便加行。如此看來，密宗的次第比顯教更複雜、更繁瑣、更嚴格。

師：大乘顯教之次第是重於理論上的，密教之次第是理論和實踐兩方面的。

自力頓悟的禪法

丹：頓悟的禪師是否能像西藏佛法中所說的登地菩薩，以法流禪定力故，從初地開始，可以自由去來百個佛國剎土，依次而千、而萬、十萬、百萬，乃至無量無邊諸佛剎土，見佛聞法，增長道力？

師：依此而言，則有次第。禪宗無此次第，若有次第，則是漸而非頓，悟前無次第，悟後亦然，禪宗開悟見佛，是見到佛的空性，所以並不去他方世界見佛

聞法。

丹：那是全靠自力修學了？

師：可以這麼說。如有他力，則是以經教來輔助。在禪門中雖也有護法神，但不准他們出現。至於他方世界見諸佛、見淨土，皆是「光影門頭」事，見聖、見佛、見種種勝境，都應徹底打消，不留痕跡。否則又生執著。何處沒有佛？處處都是佛；何處非佛國？處處皆是佛土。爲什麼一定要去他方世界？《楞嚴經》說：「十方三世諸佛於一毛端轉大法輪，度無量眾生。」若眞開悟，於一刹那間即與無量諸佛同在，不需到他方世界去。

密教有關往詣他方國土見佛聞法之說，是有根據的，那是經論中的說法。而經論是佛祖所說的，禪宗並不否定經論，只是渡河之後，即當捨舟登岸，不要老在船上。中國的天臺宗極類似藏密，天臺修行也重視儀軌、懺法和持咒。

晚唐五代後的禪修方法

丹：禪宗不講次第方法，似乎沒有東西可以依次攀緣而修，當然，我也知道學到一定程度時，必須放下。但未到此程度前，若無指南，則無從著手，甚至證見於空性，也不知即是空。

師：針對這個問題，所以在晚唐、五代之後，禪宗也開始講方法，如必須每天打坐幾炷香；在生活中隨時注意起心動念處，注意腳跟踩地處，即必須很落實的生活，隨時檢點身心；所以有打坐、參話頭、平常日用等，都成爲禪的修行方法。到了明代以後，禪宗也教人念阿彌陀佛聖號。念佛念得不錯了，就參「念佛是誰」，這是很有用的方法。散心時念佛號，專心時則參「念佛是誰」？便是參「話頭」。所謂「參話頭」，是專心地問問題，修行者不可以給答案，必須讓答案自己出來，很可能出現千百次的答案都是錯的。在修行過程中，如發現世界不一樣了，或自己的想法看法跟原先不同了時，應去請示師父，以印驗所得境界的邪正高低。

禪宗「見性成佛」與藏密「即身成佛」之比較

丹：禪宗之「當下開悟」與密教的「即身成佛」有何差別？

師：二者不太一樣。禪宗言「見性成佛」，見性時與佛的功德完全相同。一念見性，則一念是佛；念念見性，則念念是佛。但見性開悟者，並不能永遠保持在空性中，仍有煩惱。見性之境界，只是一種經驗而已，煩惱起時，就已不在空性中了。唯有徹悟的人，始能斷除煩惱，但也並不等於成佛。「即身成佛」是說這

個身體本身已經成佛了。

丹：「見性成佛」應是指修得法身佛。根據密教所說「即身成佛」是修成佛的報身，法身也同時證得，化身也同時成就了。一時兼修三身、三身同時成就，因此而說「即身成佛」。

師：三身在一生中成就，可能嗎？也許在藏傳佛法中沒問題。但我們現在的色身，可能成爲佛的千丈報身嗎？恐怕有些問題吧？

丹：以嚴密的密宗道次第修行，將自己被煩惱、所知二障遮蔽的身口意三門完全淨化，經過這樣純粹的淨化後的色身，已非原來的血肉之軀了。如時輪金剛法中比喻：就像水銀逐漸滲透鐵片，最後水銀和鐵片完全融爲一體，無法分出何者是水銀、何者是鐵片一樣。因本尊的加持力和自己的願力、方法及中觀見的準確，所以能將原本凡夫的身口意，化爲見道者的身口意，由見道者再逐步成就爲佛。

師：這是大成就者，但大成就者是佛嗎？

丹：究竟的大成就者就是佛。一般仍處在道位、八地，甚至一地的大成就者是菩薩，不是佛。

師：那尚未「即身成佛」了。

丹：當然，在一地、二地不能說是佛，但十地以上，就是即生即身成就的佛。

師：那會有如此多十地以上的佛呢？在藏傳的大師們，是否都是十地以上的菩薩呢？

丹：這我不清楚，很難說。

師：所以我們漢地稱西藏的仁波切爲「活佛」，也就是說他們已是佛了。

丹：那可能是民間的一種誤會。

師：活佛轉世制度在根本佛典裡是沒有根據的，但在藏傳佛教的理論上則可以成立。

禪門修證人人平等

師：事實上，禪宗是最樸素的，沒有太多理論和建立，這正是中觀。禪宗對修行和證悟都不立次第，這也正是它的優點。在禪門裡面，師父和弟子，人人平等，除了職務有差別、戒臘有高下，修證的身分一律平等。在西藏可能就不平等了吧？

丹：當然，修證工夫的深淺，決定了福智功德的大小。由於功德的大小，自

然就形成了一種等級。

師：在禪宗自然就沒有功德大小、修證高下的問題。因爲禪宗根本不講次第。

丹：我認爲只是忌諱不說，而實則存在。如惠能大師和我相比，他在斷、證上所具的功德比我圓滿究竟，要比我高無數倍。

師：這是個人觀念的問題，如果執著有功德，則非佛法。對一個證果的人而言，果位再高，功德再大，自己並不認爲有功德，所以達摩初見梁武帝，即說「沒有功德」！因此禪宗不講功德，不執著次第、功德。對一個已開悟的人而言，雖然與眾生的看法不同，但並不自覺比眾生高，因此許多已證悟的人，也許因緣不成熟，或個人福緣不足，雖已證悟，但也並未說法，只是如往常一樣平凡地生活，一樣地煮飯、掃地，並不會說自己是大成就者。但在西藏就不同了，有成就者，可能就由政府認定爲轉世者，而加以冊封。

藏傳佛教的轉世制度

師：有無仁波切是因關係特殊而被封，非由修證而來的呢？

丹：在歷史上出現過，譬如當有某一位地方官員壓迫佛教時，可能爲了寺

廟，或那一帶地區的佛法的弘揚，因此就有人行方便法，認定該官員的兒子爲某某喇嘛的轉世者，使該官員全家信佛，以致與寺廟和佛法的利益，不相衝突。

師：有無並非轉世的再來人，而由於今生的修行得大成就，成爲轉世者的？

丹：有的。西藏的成就者圓寂之前，或是遺留轉世的地址、姓名，或是轉世地點的特徵。也有人是什麼也不留，而由其他的上師去尋找出來。更有人說不再來了，像第十世班禪的經師拉科仁波切，是一位非常了不起的成就者，他就說不再回來，不要找他。

有的成就者，既沒有說要來，也沒說不來，這就變成要依信徒的願望而去尋找了，像第十世班禪，似乎在圓寂前並沒留下什麼確切的轉世指訓。

天臺宗的三觀

丹：天臺宗講空、假、中，圓融無礙，即空、即假、即中，在知解上應如何理解？在修證上又如何運用？

師：即空、即假、即中，是就圓教而言的。

三觀的思想，源出於《菩薩瓔珞本業經》卷上：1.從假入空觀，又云二諦觀；2.從空入假觀，又云平等觀；3.中道第一義諦觀，雙照二諦，心心寂滅，而入初地

的法流水中。

天臺智者大師的三觀說，見於《維摩經玄疏》卷二，標出：1.別相三觀，歷別觀空假中三諦；2.通相三觀，於一觀中圓觀三諦；3.一心三觀，於一念中圓觀三諦。別相屬於別教，通相及一心屬於圓教。別教三觀是次第三觀，圓教三觀稱為圓融三觀。

若以天臺宗的三觀來看，凡言次第者，皆屬漸修法門的別教大乘，唯有通相三觀及一心三觀，方屬圓頓法門。因在天臺大師之世，中國禪宗尚未形成風氣，故未涉及。然依圓頓思想的標準，禪宗宜屬通相三觀，一觀之中具足三觀，也就是即假、即空、即中；一假一切假，一空一切空，一中一切中。在一諦中圓見三諦，見其一即見三。從天臺宗看禪宗尚未到達一心三觀的程度。在一念心中具足三諦，因此而發展出一念具足三千界的理論。

但是，世界一切現象，從凡夫立場看，都是以假為真；從小乘人看，都是以假為空；從中道來看，則非假非真，即假即空，便是中道第一義諦。不過天臺宗不稱「中觀見」，而謂「中道第一義諦觀」。

我對藏傳佛教的中觀見沒有研究，其與天臺宗，於龍樹菩薩的《中觀論頌》，在理解及運用方面，似乎並不盡同吧！因為三諦圓融的思想，已不落次第，似乎

唯有漢傳佛教才發展出來的，例如禪宗的頓悟，天臺宗的一心三觀，華嚴宗的事事無礙觀，在藏傳佛教中，是否也有呢？

七、菩薩戒．修證次第．出離心及菩提心

漢傳佛教的戒律問題：禪師與菩薩戒

丹增諦深喇嘛（以下簡稱丹）：修禪的人有凡夫，也有菩薩。如果尚在凡夫位的禪師，受菩薩戒後，對於菩薩戒的三個學處：律儀戒、攝善法戒和饒益有情戒，是否不分輕重地三者兼修？

聖嚴法師（以下簡稱師）：從文獻記錄來看，中國禪師未見有特別強調菩薩戒者。中國的出家人，不論是那一宗派，都得受比丘戒，因為中國所用的《四分律》，道宣律師認為《四分律》有一部分與大乘菩薩戒相通，他以唯識思想的「無表色法」作戒體來解釋，因此認為《四分律》分通大乘，所以中國比丘，不論受不受菩薩戒，都是大乘比丘而非聲聞比丘。再者，在中國受比丘戒的同時，都要加受梵網菩薩戒，這在隋唐時代已極盛行了，但未見有用瑜伽菩薩戒本的，所以當一個中國比丘完成比丘資格時，也馬上完成了菩薩資格。因此中國禪師並不需

要特別另受三聚淨戒（三個學處），但是菩薩的精神就是以此三聚淨戒來表現的。有關菩薩應受三聚淨戒之說，本出於《菩薩瓔珞本業經》，在《菩薩地持經》卷四，對此三聚戒有詳細的說明，《瑜珈師地論》卷四〇，也舉出略同於《菩薩地持經》的三聚戒，《梵網戒經》雖具三聚之義，未立三聚之名。在漢傳菩薩戒中，單受三聚淨戒的情形，我尚未見。

丹：在西藏受比丘戒，並沒有同時也要受菩薩戒的。菩薩戒必須另外去受，而且儀式較簡單、不繁瑣。

師：在西藏未受比丘戒，也可受菩薩戒嗎？

丹：可以。

師：在漢地受菩薩戒者，也不一定要受比丘戒，但受比丘戒者，一定會受菩薩戒，所謂「三壇大戒」次第受，即指沙彌戒、比丘戒、菩薩戒。有的人在未受沙彌戒之前已受過菩薩戒了，但在受沙彌戒、比丘戒之後，還得再受一次菩薩戒。

丹：《四分律》是屬於小乘律，但有一部分於大乘？

師：《四分律》本是聲聞律，爲部派佛教的《曇無德部律》。但在漢傳的《四分律》通於大乘之說，是建立於唐朝道宣律師的教判思想。他將釋尊一代時教，

攝以化教及制教。又以三教判攝化教——性空教（小乘）、相空教（般若）、唯識圓教；並以三宗判攝制教——實法宗（薩婆多部律，以戒體爲色法），假名宗（曇無德部依《成實論》，以戒體爲非色非心），圓教宗（道宣律師依《四分律》，戒體爲識藏種無表色法），他學精唯識，故成立了《四分律》通於大乘唯識的戒體觀。菩薩戒是盡未來際受持，若比丘戒的戒體熏於識藏成爲種子，也就一熏永熏了，所以通於大乘。

丹：既然禪師在受比丘戒時，已受了菩薩戒，所以當他在修持時，每個行爲是否都應合乎三聚淨戒？

師：應該是的。但菩薩戒是盡未來際受，對於一個初發心菩薩，希望他每一個行爲都合乎三聚淨戒，是很不容易的。

丹：古來許多禪師根本不出山門去度化眾生，並且由於過分強調在寺中禪修，以致連日常生活資具都發生困難，最後不得不從事生產勞動以自力更生，像這樣是否仍不違背菩薩戒的精神呢？

師：「一日不作，一日不食」，是百丈（惠能下第三代，惠能傳南嶽，南嶽傳馬祖，馬祖傳百丈）的主張。

因爲山上修禪的人越來越多，道糧缺乏，所以只好叫大家到田裡工作，上山

開墾。所住的地方非常簡陋，沒有佛殿，只有禪堂和法堂。依戒律，寺中不准有廚房，比丘也不可耕作、掘土、除草、砍樹；如依《瑜伽師地論》的看法，也說比丘雖受菩薩戒，在聲聞中，也仍應守聲聞律儀。

所以有人批評百丈破戒，而百丈則認爲他自己不離大小乘戒，也不即是大小乘戒。

不過，戒律在今日的漢傳佛教界，的確有若干急待解決的問題。

徹悟的禪師之修證境界

丹：就世俗諦而言，認爲一個人，當他福慧圓滿，或修成佛的一切相智時，在一刹那間能現觀一切。如所有智和盡所有智在他心中完成成就時，他就是佛陀。未證到此境界之前，則是菩薩。

師：那麼大成就者不一定是佛，徹悟的禪師也不等於佛。

丹：徹悟的禪師相當於大成就者嗎？

師：可以這麼講。生死對一個徹悟的禪師而言，已不再是問題了。不過，藏傳的大成就者是否即等於徹悟的禪師，我不清楚。

丹：徹悟的禪師能否完全現觀自己的如來藏佛性？

師：如未現觀，就不叫徹悟了。

丹：那他已見到如來藏佛性中的常寂光了？

師：應已見到了。常寂光的意思是離生滅相的清淨眞如之體，是法性、佛性，即是諸相寂滅的智慧。

丹：佛性是佛及眾生的本來心？

師：是的，所以一切眾生都能成佛。《涅槃經》主張眾生皆有佛性。《法華經》也有類似的看法，禪宗接受此一思想，而認爲人人都能成佛。

「頑石點頭，枯木開花」所代表的意義

丹：徹悟的禪師，或見頑石點頭，或使枯木開花，這是眞實情況，或代表何種境界呢？

師：可以說是神通妙用，或是一種自內證的經驗。頑石點頭、草木說法，代表什麼意義呢？在佛國淨土中，風聲鳥樹悉皆念佛、念法、念僧，草木也會說法，一切有情、無情皆相同。

丹：我曾請教一位格西，爲什麼法鼓中能傳出四諦的聲音來？他回答這是佛力的加持。

師：在印度的思想中，沒有無情說法的觀念，如頑石點頭，可能只是道生大師自己的經驗，頑石是否眞的點頭，就很難講了。如說無情說法是佛力加持所致，那是屬於宗教信仰層次。

禪宗不講加持，事實上，禪宗是純自力的，認爲草木說法是從自己的主觀立場來說的。

丹：是否因爲內心完全清淨了，所以見每一法都有佛性呢？

師：應該不能稱作「佛性」，因我未見有草木石頭等無情皆有佛性之說。若說那是佛的法身說法、報身說法、化身說法，更爲恰當，所以僅有實證經驗的人，始得見聞。

丹：我曾看過一個故事，有一日僧到中國留學後回去，另一日本禪師問他在中國學了多少東西，是否還有沒學到的？答說基本上都已瞭解，唯有一事未明，即經上說草木也能成佛，草木爲何能成佛？日本禪師反問他：草木成佛與你何干？你爲何要苦思這個問題。

師：這日本禪師講得很有道理，純粹是禪師回答問題的風格。如今我們之間的問答，我是以法師、論師的方式來回答，而非用禪師的方式。禪師們不會考慮這些複雜而又沒有實際利益的問題。

邏輯思辨的理論與指引方向的知見

丹：我總認爲想要成佛，如不能對所要成就的佛果，以及成佛之前的道路，有清楚認識的話，必然不能成就，由理論到實踐的次第在學佛中的重要性，可以從宗喀巴大師所立的菩薩道次第看出來。

必須找到一種可以說服自己和改變自己心理狀態的理論，再去信、去修。如果某些基本的信仰上的問題不解決，就坐在那裡修，很容易生妄想，無法說服自己，甚至出現了新的境界或觀點，也無法辨識。

師：所以在佛教史上出現許多論師，依據經典，將佛法作思辨性、系統性、組織性的解釋，因爲實在有許多人需要。中國禪宗的精神，則不在於理論，雖也看經，但只取知見，不作思辨，如讀《楞嚴經》、《金剛經》、《維摩經》等，皆能扶正吾人之知見，禪者看經目的不在思辨。思辨是邏輯的，知見是指引方向的，在修行過程中，發生經驗及觀念上的問題時，可求過來人指導，可從經典得到指引。

如果修行時，一直在思考邏輯思想上的問題，那他將永遠和實證空性無關。或有人自以爲開悟了，但在他們的證悟中卻仍有我執，這可以因讀經而改正錯

誤，或遇善知識指出他尚未清淨，非眞悟境而只是一種覺受而已。

覺受並非悟境，但有了悟境必有覺受，有覺受卻不一定是悟境。

禪師訓練弟子，不用邏輯，但邏輯卻也難不倒禪師，如被邏輯難倒，就不能算是禪師了，禪師是消化邏輯而又超越邏輯的。

漢傳佛教的圓頓法門與藏傳佛教的次第教學間之差異和匯流

師：講次第是漸教，禪則是頓教，因此想用藏傳佛教的觀點來和禪相比附，是不恰當的。西藏也無法接受漢地禪法，否則唐代大乘和尚所傳的應該已被接受了。因爲藏傳佛教講究嚴密的次第，這種的優點是很有用的，它能按部就班訓練人才，即使是普通人，都可以訓練到某種程度。也能進行辯論，使接受了次第訓練的，多少都能在教理思辨上向你說明，讓你信服。在修行方法上則有各種儀軌可循，使得粗心大意的人，也會漸次獲得修行利益。

丹：藏傳佛教的教學，正如樹立一個靶子那樣，引導你去修證，直到最後最難斷的細分俱生人法兩種我執一斷就是佛，不斷就是眾生，極爲清楚。

師：西藏在此一方面，做得相當好。

丹：我覺得，起初可以依藏傳佛教的次第去修，到一定的程度後，必須用禪

宗的精神來對治細分的人我法我二執，即微細的所知障，確實需要拿出禪宗的精神，一切都放下。但在未達到此一程度之前，仍應依四禪八定的次第修，一直到最後的那個關鍵時，再將一切放下，或者說努力去修禪宗的方法。

師：也有道理。

丹：藏傳佛教給你許多名相，如說眾生的種種煩惱，是由六根本煩惱所衍生出來的，而這類煩惱都有俱生和分別的二類，各在何時能斷？什麼是對治這兩類煩惱的智慧。在那種定或那一階層中才能出現，都講得很清楚，如能依著做下去，煩惱就如靶子般地一一倒下。最後則拿《心經》：「色不異空，空不異色」的觀點來講「寶瓶」等法的相與性之關係時，你就可以找到同體不同質的東西。

師：我想西藏的這個方法是安全而可行的，中國講圓頓，沒有次第，使初學的人不易摸著頭緒，一般人無法入門，終成民間信仰，因此高者太高，低者太低。所以今天我們要提倡「人間佛教」的原因，就是希望從一般凡夫的立場出發，一步步向菩薩、佛的境界邁進，這也是一種次第了。至於漢藏佛學的匯流，則尚有待努力。

培養出離心和菩提心的重要性及方法

丹：請教師父，您如何從教理和修證兩方面，成就了出離心和菩提心？

師：從佛教的觀點而言，若無出離心便會流於戀世的俗化，若無菩提心便會落入厭世的消極。我自己很慚愧，只憑一點可能是過去世所累積的善根而進入佛法之門，似乎談不上用什麼方法來培養自己的出離心和菩提心，而只是隨順因緣和環境罷了。雖然可以感受到世間的確是苦，卻並不會討厭到恨不得早點離開的程度；而對世間的財產、愛情、名利也並不太熱衷追求。

當遇到心理和環境轉變，要將自己從出離拉向世俗時，我很快就會想到自己只適合修行佛法及弘揚佛法，而不適合去做其他事。因此我想，能培養強烈的出離心當然很好，否則只要自己希望過出家生活，修行梵行，一樣也可做到。

至於菩提心，我也無法具體的說，自己是如何的發起的。我只是想我已得到佛法的利益，所以也希望給所有的人。我不是一個慈悲心很重的人，但我感受到生命就是佛法，所以我必須修學佛法，弘揚佛法。因緣使我出家之後，就有這種從內心自然生起的力量，所以對我自己而言，我不知那是從何而來的，一切都是那樣地自然。我不是一個具有宗教感性的人，所以也很不容易以我的感情來感動他人。我僅以自己從佛法中得到的所知所見，教導弟子們如何培養出離心和菩提心。

在人生的過程中，一定會遇到許多誘惑和打擊，都可能將我們帶往別的方向，如名利、愛情、權利，我都不會不動心；毀謗、中傷、批評，我也不會全然不在乎。但我首先考慮到的是，那些東西和情況，對弘法有何影響？對眾生有何幫助？對佛法是否有害？這應該也算是出離心和菩提心吧？

從我出家以來，遇到許多打擊，但人家越打擊我，我就越努力，我倒是很感謝別人的打擊。

不過我相信，唯有在法義的知見上越深入，對出離心和菩提心的堅固越有用；唯有在佛法的修持上有經驗、有證悟，自己的信心和願心才能更踏實更有力。

我自己確定獲得了受用，所以要努力將佛法給人。如果對佛法只是做思考性的學問研究，環境一轉變，可能心就隨著轉變了，所以許多西藏的格西及轉世者，學問那麼好，而且已有成就，但到了美國、日本後，就還俗了；乃至像第九世班禪，第六世嘉木樣，第十世群拉，都是轉世者，也還了俗。因爲佛法與他們的身心不是那麼非常相應，所以許多人在寺院中沒問題，但一到外面，馬上就有問題了。因此我還是主張，思辨的佛學雖有用，實踐佛法的拜佛、懺悔、修觀、如法攝化眾生，則更有用。我最初就是一個從拜佛、拜懺得力的人。

丹：的確在寺院中是沒問題的，但到了外面，在新環境的衝擊中，雖然平常把如何培養出離心的經文背得滾瓜爛熟，但在很多場合卻根本記不起來，感到派不上用場。

師：你不要從理論上去想，當從願心上去想，必須增長願心。要經常想到自己是一個出家人，是一個學法、弘法的人；還要肯定自己是有深厚善根的人，否則就不可能學佛而想到出家，何況已經出家。一個有善根的人的責任，是與別人不同的。尤其是盡量避免與異性單獨談話，與異性相處，心中要保持高度危險的警覺，但也不可討厭，必須好好處理。

八、藏傳佛教三大寺的十二年教育課程

西藏三大寺之重建、教育傳承及其學制

聖嚴法師（以下簡稱師）：能否請你談談在印度南方寺的十二年佛學教育是如何安排的？學些什麼東西？是否每個人出家後都要經過這十二年的教育？有沒有留級或中途輟學的？畢業以後做什麼？

丹增諦深喇嘛（以下簡稱丹）：十二年的課程安排是依據那爛陀大學的傳統而來。因為西藏佛教中，信仰人數最多，最為世人所熟悉的格魯巴（黃教）的創始人宗喀巴大師乃承襲了阿底峽尊者的思想。而阿底峽尊者畢業於那爛陀大學，並曾主持過那爛陀大學，所以格魯巴的學習系統乃強調十二年的修習次第。在西藏學習格魯巴的傳承而較具代表性的是三大寺：哲蚌寺、色拉寺、喀丹寺。其課程安排大同小異。目前三大寺重建於印度南方，所以有人又稱「南方寺」。從一九六六年至今，已具相當規模。其中哲蚌寺有一千五百名僧人，有兩個「扎倉」（學院），我就讀的那個「扎倉」有十六個「卡倉」（分部）。色拉寺有一千二百多人，

喀丹寺有九百多人。這些僧人的來源有三：1.父母送來的，最小六、七歲；2.自願出家者；3.有親人在寺中當法師或學佛而帶來的。至於說這三種人中，那一種人能學得最好？並不一定，完全取決於智慧的高下和個人的勤惰。

假使你有能力一年學三年的課程，則鼓勵你多學，但不准升級，原因是希望你要學得扎實。所以十二年是法定的時間，不能提早畢業。

十二年讀完後，轉世活佛、仁波切等，必須出去弘法，一般人則多半留下來再深造三、五年，以準備考格西學位。

師：有沒有學問很好但未得格西學位的人？

丹：有。這種人實修性較強，學問雖好，卻不願考格西，甚至不願住在集體場合，注重自修，多半以閱讀《菩提道次第論》和《密宗道次第論》爲主。

通常打算考格西學位的人，完成十二年的教育之後，還要留下來複習三、五年，之後還得排隊等格西名額。所以，從開始學習的第一年算起，到獲得格西學位，至少要花二十五年的時間。

師：已經完成十二年的學院課程，而未獲得格西學位之前，是否可以教書？

丹：原則上，只有格西才能教書。其他人只作討論，彼此交換對經論的看法。

師：那麼多的學院，格西人數足夠分配嗎？

丹：過去沒有問題，現在則因大量的法師到國外去，所以顯得比較緊迫。

十二年課程的內容和學習次第

師：十二年的課程是如何安排的？

丹：十二年的課程次第，以五部大論爲主，包括了經、律、論三藏。此五部大論的學習次第如下：

（一）《釋量論》：法稱所著，屬因明學，講有關思考邏輯和辯論方法的訓練。

（二）般若部：有關《般若經》之註解，如師子賢、龍樹、提婆等人之般若經註，其中最重要的是彌勒菩薩所著的《現觀莊嚴論》，這是發揮廣、中、略本《般若經》密意的重要著作。

（三）中觀部：以《中論》爲主，包括《十二門論》和提婆的《四百論》，當然也不無《大智度論》的思想。

（四）《俱舍論》：研究以《俱舍論》爲中心的阿毘達磨思想。

（五）律部：依一切有部律，而有四種律典：《毘奈耶》、《律本事》、《律上

分》、《毘奈耶雜事》。

師：爲什麼將《俱舍論》安排在第四個次第？又爲何置律部於最後呢？

丹：我相信其中必有其獨到的思想與甚深之密意。若依個人淺見，格魯巴特重知解，強調由聞而思而修的次第，因律藏不講太多理論，是屬於生活方面的，所以才將它置於最後來學。

另外，西藏學僧的年齡、理解程度參差不齊，而律只有對已經到達一定程度的人才能受用，對某些人而言則似乎用不上力，因此不如先重視佛教基本概念的學習，使大家對因果、輪迴、轉世等思想有最起碼的瞭解；而思考方法的學習，則是老少皆宜，且有興趣的科目。

師：對這五部大論的學習、時間的分配和安排情形如何？

丹：（一）《釋量論》：《釋量論》是解釋因明學，討論思考邏輯和辯論方法的學科。有人認爲這種思考辯論方法是通於外道的共法，但外道以之建立其學識，佛法則用它來斷煩惱。在西藏，對這部論的學習要花五年的時間，分出許多細部，綜爲三類：

1.集類學：前三年所學。將各類佛法概念歸納起來，有略本、中本和廣本，由易而難。如先討論有關色和形的問題。他問：凡是顏色，是否即是紅色？如果是

的話，那麼藍色是紅色嗎？初學者因此可以瞭解到：「凡是顏色，不見得就是紅色。」接著，再將顏色和形狀一起討論，例如白馬是不是馬？白馬不是白的嗎？白的馬是不是馬？白的馬是馬，但白馬是色不是馬。將白色和馬分開來討論。這樣的基本訓練結束後，接著講因果，有大因果和小因果之分。小因果是借世間現象界的例子來說明因果的關係，如種子和芽之間，前者與後者間的出現與毀滅的規律等；大因果則講佛法中有關受生、轉世、受報等問題。

接著才分別何謂一、異、總相、別相、共相、不共相，遮遣法、成立法，心、心所，境、對境，相違與相關，顯現法與隱晦法等。

將這些基本概念借用現象界的例子，通過譬喻來學習，最初似乎只在辯論時間、柱子、房子、太陽、月亮，而不是在學佛，但將這些現象界的事例搞清楚之後，有助於瞭解眞正的佛法上的概念。所以集類學的廣本比喻較多，中本則摻雜部分佛法的道理，到略本時，則比喻更少，而以佛法爲主了。

2.因類學：學習一年。這是系統的邏輯學，非常繁瑣，不像「集類學」那麼簡單。除了講前因後果外，還要拿出比喻來。如先成立一個大前提「凡種子都會生芽」，初學時，種子就是芽的前因，芽就是種子的結果；但是到了「因類學」時，則需要討論種子的種類和成分，還得分析由種子到芽之間的條件，那些是眞正

的，那些是附帶的，那些根本不是條件，講得非常細。

在「集類學」階段，是從現象界例子的譬喻中學到佛法的內容。到了「因類學」階段，則加入了許多和外道辯論的題材，開始學習如何證明佛法是對的，而外道的邏輯因明程序是錯誤的。如講三相已能完備邏輯推理格式。但外道則有一、二、五、六、八等相。甚至佛教內部也有講一、二、四相的。所以「因類學」的複雜，主要是在於邏輯程序的複雜，這需要一年的學習，這是一個關鍵的階段，如果此時學不好，就很難學「般若」、「中觀」了。因為這兩門學科的思考程序和辯論的論式以及因明的邏輯推理有密切的關係。

3.心類學：分析心之類別，除心、心所、眞心、妄心外，至少將心分成七大範疇。當很微細地講「識」時，有現量、比量之分，現量有四：⑴根識現量；⑵心識現量；⑶瑜伽現量；⑷自證分現量。比量有三：⑴心許比量，譬如世界上所有中國人都把白天的日、夜晚的月叫「太陽」和「月亮」，無人懷疑，此名相為這一地方的人所共許，即是世間極成比量。⑵勢成比量或眞實比量，例如一力士持鎚，敲瓷製寶瓶，瓶必碎，那麼以修六波羅蜜為前因，後果是否必然成佛？是成佛。由前因到後果間的關係，之所以能得到一定成佛的量和認識，便是靠勢成比量。⑶信許比量，如佛說凡有布施，就有利益，這是無法用眼識去證明其是非

的，但事實上是存在的，古代的論師們將這種認識方法或手段稱爲信許比量。

基本上，集類學、因類學、心類學所採用的宗義教相，不超出經量部和毘婆娑部小乘二宗的思想範圍，尚未用中觀、般若等大乘思想來加以限定。因此到了學習中觀時，必須將前面所講的全部否定掉，或者說，進行全面的重新認識。

（二）般若部：般若部是圍繞著《現觀莊嚴論》來學《般若經》，在學此論之前，先要學《道地論》。「道」是五道及菩薩道等概要性的解釋。「地」是菩薩十地，以及小乘九住地和緣覺所修的（包括麟角喻緣覺、合眾緣覺）。其實《道地論》是通俗性的課本，原則上沒有違背《般若經》和其他論書所講的菩薩修行道，只是細節性地一個一個條列出來再加以解釋。

之後還要學習教相宗義，判別內外教，內教中還要判別何者是眞正的中觀見、何者墮邊見，這些都有概要性的解釋。

學習《現觀莊嚴論》又有八實有、七十一義之分，如聲聞的一切智、菩薩的道種智和佛的一切種智，先從智慧的角度來理解他們的智慧，再從他們個別的立場來看宇宙萬法及佛法。例如先瞭解聲聞緣覺的一切智，好像我已有一切智，其實沒有，只是知道和認識一切智的概念而已，有了這個認識之後，再從聲聞緣覺的立場來看萬法和佛法。接著理解菩薩的道種智是一個怎樣的層次，如何達到那

個層次的呢？自己雖還沒有到達那個層次，但用他的概念回頭去看聲聞緣覺所證的涅槃、所修的方法，以及他們所認識的現象界和宇宙萬法。進一步瞭解佛陀的一切種智，以此概念去看菩薩的修行和所證得的果位，所斷的煩惱和斷煩惱的方法，以及他們所認識的宇宙萬法和佛法。

這三個層次是學習《般若經》之前的三個很重要的學習內容。這三個學完之後，接著要學菩薩的求證一切種智、成就佛果，怎麼學呢？

要先學小乘聲聞緣覺的法，不是為自己，而是為度眾生的方便而學，因眾生包括了這三種根性。至於具體的方法，則講五個菩薩修行的法門：1.圓滿和合：不論大乘法、小乘法，一切法圓滿無礙，顯教和密教亦圓融無礙，先學小乘，再學大乘，大小和合後，再圓融顯密；2.頂和合：有關見道的方法；3.究竟和合；4.瞬間和合：一剎那間，最後金剛喻定現前時；5.法身果：究竟證得圓滿的佛身。

事實上，菩薩修行方法仍是圍繞著資糧道、加行道、見道、修道、無學道等五道的，也沒有離開境、道、果，或根、道、果，或者說修行與要修的對象是等法的。而在修學的次第上，是先將三智全部瞭解清楚之後，再開始學菩薩的修行方法。

以《現觀莊嚴論》為中心的課程，共學四年，《中論》學二年，《俱舍論》

學二年，律學一年，最初的《釋量論》要學五年，因基礎階段，要多花一點時間，如能學好的話，上來就會比較容易。這個基礎是很重要的關鍵所在，如學得好，即使沒有老師指導，全靠自學，亦可瞭解百分之五十的佛法，因爲它的邏輯推理非常嚴謹，有了這個訓練之後，將可精確地掌握到微細的法義。

師：是否也要學《寶性論》、《辨中邊論》和月稱的《入中論》等？

丹：中觀即圍繞著《入中論》來學的，至於《辨中邊論》、《寶性論》等，要學，但不是拿原典來講，譬如學《般若經》，講到佛性、如來藏的問題時，就會引用《寶性論》裡的義理來解釋，但先不用原典，而是引用一些大論師的註解，如果無法理解或有所懷疑的話，才鼓勵你去看原典。

師：是否要讀《瑜伽師地論》、《唯識三十頌》？

丹：要自己看，都是在講般若時，以中觀家的眼光去批判唯識三性的不究竟時，就必須涉及這些論書，譬如講到唯識家的「圓成實性」是不是空性？眞正的空性應是中觀，那唯識家爲什麼會把「圓成實性」當成空性呢？討論這個問題時，就必須提及《唯識三十頌》、《唯識二十頌》等內容。

師：漢文《俱舍論》共有三十卷，是否要全部讀完？

丹：我們所謂《俱舍論》，是以此爲中心來學阿毘達磨的思想，並不直接講

《俱舍論》的原典，而是將許多《俱舍論》的疏，提綱性地全列出來，以便瞭解其中的概念。將這些概念全搞清楚之後，再去辨別概念和概念間的關係。譬如我認爲你用的《俱舍論》這句話，並不是它的本義，只是你自己的發揮，究竟誰對誰錯呢？那就要看其他的論怎麼說，之後還要直接推到經典上去。

師：阿毘達磨有《發智論》等所謂的六足一身，是否全都要看？

丹：一定會講到的。

師：先看中觀、唯識，再去看部派的東西，這個次第的安排似乎有些奇怪？

丹：有關宇宙的形成和毀滅，以及眾生的類別如六道、九生等在《俱舍論》中分析得較清楚，而這些是中觀、般若中所未詳細提及的，如果將這些有關宇宙和眾生的分析放在前面去講，又似乎無法和邏輯辯論拉上關係，所以才放到後面來學，用二年的時間，圍繞著《俱舍論》將阿毘達磨的中心思想學完，這門學科我們也是編成專門的教材來學習的。

師：這樣的教材，我們也非常需要，所以我們應加強藏文的學習。最後一年學律，主要是瞭解它的思想，還是瞭解持戒和持律的運作方式呢？

丹：我想兩者都有，主要是講戒相。並且解釋受戒的方法、佛陀制戒的緣起，以及佛本身和羅漢弟子們的故事。

藏傳佛教的受戒、守戒及其主要精神

師：你們受比丘戒時，是否也是十個人，只爲一個人受或幾個人一起受？

丹：是十個人。至於是否只爲一個人受，對某些特殊的仁波切是有的，但一般人則是許多人一起受。

師：其實許多人同時一起受戒是不合律的，這是一個麻煩的問題。受戒前有何準備？是否要做懺摩？

丹：當然，就是所謂的五遮難，十法現前。

師：預備的時間多久？

丹：時間不長。我想可以用一句很簡單的話來說明西藏出家人由沙彌到受完比丘戒的過程。那就是主張個人的「自覺」。外人看來，似乎約束太少了，有時連我也並不滿意。但在寺廟中，他讓你學習的目的，就是要你多瞭解，如果你自己不掌握自己的心，格西也只能搖搖頭。

師：沒有處罰？

丹：沒有。格西常說，佛法講求自覺，你們來此出家的目的，自己應該清楚，若不清楚，起碼每天來此叩三個頭時，也會想到爲什麼要來拜我，這就是自

覺。所以受戒前的準備與受戒後全取決於自己的發心。像我自己從發心出家，受沙彌戒之後又迫不及待地想受比丘戒。這期間似乎有某種力量在逼迫我，在我的想法是能持一天戒，總比不持戒、沒功德好。對許多西藏的出家人而言，受戒完全取決於自己的發心，至於受戒前是否要準備看那些經，瞭解些什麼，並不有組織、有程序的特別予以重視，他們覺得生命無常，清淨的比丘戒是那樣的殊勝，至少在受戒的當下是不可能犯戒的，就算守一分鐘的戒，也是結了一個大的善緣。

師：是否每個月誦戒（布薩）二次？有沒有眞正懺悔的？

丹：有誦戒。但是否有人個別私下去懺悔我就不清楚了。我覺得在面對某些因緣時，頂重要的是能反省自己的內心是貪欲較多或淨念較多。

師：在人數那麼多的大寺廟中，大家都是出家眾，且教育又那麼好，每天都在講經、聽法，我想是不會有大問題的。

丹：原則性的問題不會有，我個人覺得很安全，在寺廟中似乎並不特別需要知道戒是什麼。但如果離開寺廟，像我這樣獨自出來，可能就有問題了。

師：在寺中有沒有人打架？

丹：很少。有的沙彌較調皮，偶爾會打架。之後要叩頭或罰他們當火頭。

師：非常謝謝！你提供了這麼詳細和寶貴的資料，對我們的教育制度的規畫實在很有參考價值，我們要多學習。

人間淨土系列 16

真正的快樂

聖嚴法師 著

定價 180 元

達賴喇嘛說：「生命的目的是追尋快樂。」你所滿足的是感官之樂？禪定之樂？還是永遠解脫的快樂？

悲觀的人，總是過度憂慮，提心吊膽；樂觀的人，往往不能面對突如其來的巨變。聖嚴法師引導我們將自我的範圍慢慢擴大，感受生命是息息相關、難以分割的整體，將身心對苦樂憂喜的執著，自然轉化為「無我」的寬廣自在。

大自在系列 7

空谷幽蘭

比爾・波特 著
明潔 譯

定價 320 元

《空谷幽蘭》是美國漢學家比爾・波特所寫的一部「尋隱之旅」；他在 1990 年代親自探訪中國終南山，尋找隱士文化的精神根源與歷史蹤跡，藉此表達他對中國傳統文化的讚歎、嚮往與懷念；也觸動我們每個人內心的隱士元素，深深啟發我們親近自己、親近自然的內在韻律。

◆名人推薦◆

羅智成（作家・文化評論者）
梁寒衣（知名作家）
陳文玲（政治大學廣告系教授・政大創意學院計畫主持人）

琉璃文學系列 11

癲狂與純真

李永熾 著

定價 320 元

聖德太子為大和民族示現皈依的生活情懷，在無常中安立不動的生死觀。最澄、空海二位思想巨擘，遠赴大唐帝國求法，開啟平安佛教與藝術的輝煌時代。為了實踐佛性平等的信念，法然、榮西、親鸞、道元、日蓮、一休……在動亂的中世紀，與疾苦眾生緊緊相連。

三十四位高僧以傳奇的一生，貫串一千四百多年的日本歷史，賦與信仰與修行最真切的時代意義，為和風文化注入古典與創新的精神泉源。

輕心靈系列 5

南瓜法師 西遊記

昆亞難陀・化普樂法師 著
方怡蓉 譯

定價 320 元

以「喜樂」為名的昆亞難陀・化普樂，欣然接受「南瓜和尚」的封號，以優異的臨場機智與定力，迎向生活中的文化對立與人性矛盾的衝突點；無論是面對龐克族的挑釁，或是在禪修教室外，進行裸體日光浴的學員……他總是在第一時間融入對方所處的情境，激勵出生命自覺、自信的最大潛能，與故事裡所有的主角，成為一生中真正的朋友！

◆名人推薦◆

達賴喇嘛
李家同（暨南大學教授・作家）
鄭石岩（教育心理專家・作家）
傑克・康菲爾德 Jack Kornfield（作家）

大智慧系列 9

禪門第一課

聖嚴法師 著
薛慧儀 譯

定價 160 元

有一天我看見一條水蛇在追著一隻青蛙，蛇快要追到青蛙時，青蛙轉過頭來面對蛇。奇怪的是，這青蛙居然把自己獻給蛇吃，那景象十分難忘。我很納悶，想著：「那隻青蛙最後會怎麼樣呢？如果我是那隻青蛙，那我現在會在哪裡呢？」

——聖嚴法師

禪，是精神上的休息，是不可言喻的智慧。聖嚴法師以親身閱歷，指導佛法新鮮人，建立積極、自信的人生觀；在日常生活中，觀照自己、觀照眾生，洞察苦難的真相，培養寧靜和諧的心，穿透「我」的根源，直達生命本具智慧與慈悲的無限能量。

智慧人系列 10

六妙門講記

釋繼程 著

定價 280 元

數、隨、止屬於止門，觀、還、淨屬於觀門，智者大師以六妙法門為修證根本，歸納所有禪定法門，為「天台止觀」確立一套解行並進的教學系統。

繼程法師依《六妙門》為綱要，融入《釋禪波羅蜜》、《小止觀》、《摩訶止觀》等修持體悟；指導禪修者透過數息、隨息安心修定，在一心不亂的境界中，培養深觀的智慧，在日常生活裡以六波羅蜜實踐菩薩道。

國家圖書館出版品預行編目資料

漢藏佛學同異答問/聖嚴法師，丹增諦深喇嘛答問
—初版—臺北市:法鼓文化.1999(民88)
面:　　　公分. —(智慧海:27)
ISBN 957-598-156-1 (平裝)
1.佛教 - 中國 -問題集 2.藏傳佛教 - 問題集

220.92022　　　　　　90001625

智慧海 27

漢藏佛學同異答問

法鼓文化

著者／聖嚴法師、丹增諦深喇嘛
出版／法鼓文化
總監／釋果賢
總編輯／陳重光
責任編輯／法鼓全集編輯小組
地址／臺北市北投區公館路186號5樓
電話／(02)2893-4646 傳真／(02)2896-0731
網址:http://www.ddc.com.tw
E-mail:market@ddc.com.tw
讀者服務專線／(02)2896-1600
原東初出版社1992年初版至修訂版二刷
初版一刷／1999年12月(法鼓全集)
初版五刷／2014年10月
建議售價／新臺幣160元
郵撥帳號／50013371
戶名／財團法人法鼓山文教基金會-法鼓文化
北美經銷處／紐約東初禪寺
Chan Meditation Center(New York, USA)
Tel／(718)592-6593　Fax／(718)592-0717